NO HAY EXAMEN

Tu traslado a una vida más feliz

ERIC SALINAS

Second Star Press

ÍNDICE

Parte Seis

EL CAMINO ABIERTO

Parte Siete

TOMANDO EL VOLANTE

Parte Ocho

ORILLÁNDOTE

Para Silvana, mi amor y mi copiloto, quien ve el camino como yo lo veo.
Tú me enseñaste que las palabras podían ser vehículos.

PREFACIO

Desde que empecé a vivir de esta manera, mis dolores de cabeza disminuyeron. La mayoría estaban relacionados con el estrés—atados a una ansiedad que ni siquiera sabía que cargaba. No curé el estrés. Simplemente dejé de echarle más leña al fuego que ya estaba ardiendo.

El cambio sucedió gradualmente. Empecé a notar patrones que ya no podía dejar de ver. Cosas que todos aceptan como normales que quizás no son tan fijas como pensamos. Preguntas que nadie hace porque todos asumen que las respuestas son obvias.

Resulta que no lo son.

He estado viviendo diferente por más de un año. No es un método ni una rutina—es una mentalidad. Algo fundamental cambió en cómo veo las metas, la competencia, el éxito, lo que importa y lo que no.

Empecé a compartir esto con un colega del trabajo. Me dijo que cambió cómo ve todo. Esa es una persona. Pensé que si resonó con él, quizás conectaría con alguien más.

Así que decidí escribir este libro.

No para decirte cómo vivir. No para convertirte a alguna filosofía. Solo para compartir lo que noté, lo que cambió en mí, y ver si algo de esto conecta con algo que tú has sentido pero no has podido ponerle nombre.

Voy a compartir historias de mi vida. Cuando algo detone un recuerdo tuyo, vamos por buen camino. Cuando no, también está bien. Diferentes contextos significan diferentes rutas.

Esto es una conversación. No estoy aquí para empaquetar sabiduría ni presumir experiencia. Estoy aquí para compartir lo que aprendí viviéndolo.

Si estás leyendo esto, ya tienes curiosidad.

¿Listo? Vamos a encender el motor.

INTRODUCCIÓN: ABRÓCHATE EL CINTURÓN

Vamos a dar un paseo (sí, en carro). Quiero mostrarte algunas cosas durante este viaje que quizás reconozcas una vez que las veas.

¿Conoces esa sensación cuando te subes a un carro nuevo? El olor, la emoción de ver todo por primera vez. Empiezas a descubrir dónde están los controles. Qué hace este botón. Por qué existe esa configuración. Conforme pasan los días, descubres funciones que ni sabías que estaban ahí. Algunas funcionan exactamente como esperabas. Otras te sorprenden completamente.

Así se va a sentir este libro. Vamos a estar descubriendo cosas—presionando botones que nunca habíamos probado, viendo qué hacen realmente, aprendiendo que algunas cosas funcionan completamente diferente a lo que pensábamos. Cosas que dábamos por sentadas podrían verse diferentes desde este nuevo ángulo.

Haremos paradas en el camino cuando necesitemos procesar lo que estamos viendo. Estirar las piernas. Sentarnos con algo un momento antes de continuar.

Tú haces tu traslado todos los días, ¿verdad? Al trabajo, a la escuela, a donde necesites ir. Conoces ese camino. La ruta familiar. El tráfico. Los otros carros a tu alrededor.

Este es tu traslado hacia una vida más feliz.

No llegas con las manos vacías. Has vivido lo suficiente para haber descifrado algunas cosas. Has pasado por suficiente para haber desarrollado instintos. Has tomado suficientes decisiones para entender qué te importa. Lo que sea que te haya traído a tomar este libro—curiosidad, frustración, el momento, la casualidad—te trajiste aquí con todo lo que ya has aprendido.

Sabes cuál es tu punto de referencia, y puede que hayas pasado varios "obstáculos" para llegar aquí. Pero ahora estás viendo algunos conductores en el camino. Y vas a llegar a ellos, para que puedas alcanzar el éxito que necesitas. Ya te diste cuenta contra quién estás compitiendo. Ya sabes lo que significa tu 100%. Sabes qué decisiones te trajeron a este momento. Estás aquí. Sabes que no todos llegarán a la misma distancia que tú. Generaciones anteriores te dijeron cómo manejar, pero ahora sabes que tus ojos solo necesitan estar enfocados en el camino adelante. Sin distracciones. Sabes todo esto. Siempre lo has sabido.

¿Listo? Toma el volante.

Parte Uno

SALIENDO DE TU COLONIA

Salimos del territorio familiar, a descubrir nuevas rutas.

Capítulo 1

USTED ESTÁ AQUÍ

Tu cerebro hace algo cada vez que vas en un carro, y probablemente nunca lo has notado.

¿Te has fijado cómo todo conductor que va más rápido que tú es un idiota imprudente, y todo el que va más lento no sabe manejar? Eso no es coincidencia. Esa es la base de todo lo que vamos a explorar.

Manejando en el carril central

Ya salimos de la colonia. Observa el carro en el carril de junto. Ahora observa el de adelante. Uno de ellos va más rápido que tú, y tu cerebro inmediatamente los etiqueta: conductor agresivo, probablemente con prisa, cree que es dueño del camino. El otro va más lento, y tu cerebro lo hace de nuevo: ¿por qué está en este carril? ¿No le enseñaron a agarrar el carril de la derecha si va lento?

Aquí está la clave: ambas reacciones sucedieron por TU velocidad. Tú eres el punto de referencia. Tú eres el cero en el velocímetro de tu mundo.

¿Ese carro que va a 130 km/h? Ellos están viendo a alguien que va a 150 km/h pensando exactamente lo mismo que tú acabas de pensar de ellos. ¿Y el carro que acabas de llamar lento? Ellos están viendo a alguien que va aún más lento con la misma frustración que sentiste hacia ellos.

Todos son el centro de sus propias referencias. Seguramente ya habías escuchado que tú no eres el centro de el universo pero absolutamente eres el centro de TU universo, de TU vida. Todo lo que percibes como "rápido" o "lento", "inteligente" o "tonto", "exitoso" o "batallando" se está midiendo contra ti como la línea base.

El bucle infinito de competencia

Y esto crea un problema. Una vez que te mides contra todos los demás, quedas atrapado en un bucle infinito.

Digamos que vas tranquilo y ves a alguien adelante yendo más rápido. Aceleras para rebasarlo. Se siente bien, ¿no? Pero espera—ahora puedes ver un nuevo carro adelante yendo aún más rápido que tú. Así que aceleras de nuevo. Los rebasas también.

Excepto que ahora hay otro carro que no podías ver antes, yendo aún más rápido que ese.

Y otro más allá de ese.

Y otro más allá de ese. Y otro más.

En realidad no llegaste a ningún lugar diferente en la competencia. Solo cambiaste contra qué carros te estás comparando. En el momento en que rebasas a los carros "más rápidos", simplemente revelas un NUEVO conjunto de carros más rápidos que no podías ver antes. Siempre hay un carro más adelante. Nunca termina.

Esto no es solo sobre manejar en la carretera. Esto es sobre todo.

Salarios: "Gano $40k al mes" se siente bien hasta que conoces a alguien que gana $60k, luego alguien que gana $100k, luego alguien que gana $1M...

Ejercicio: "Puedo levantar 80 kilos en *press* de banca" hasta que ves a alguien haciendo 120, luego 160, luego 200...

Seguidores: "Tengo 1,000 seguidores" hasta que ves a alguien con 10k, luego 100k, luego 1M, ¿no tienes placa de YouTube? pfff...

El bucle nunca se cierra porque sigues moviendo el punto de comparación cada vez que crees que "llegaste".

Tu odómetro, no su velocidad

El cambio principal es dejar de ver las velocidades de otros carros. Observa tu propio odómetro. Tus kilómetros recorridos.

Tu odómetro mide distancia recorrida, no velocidad. Ayer tu odómetro marcaba 1,000 kilómetros. Hoy marca 1,050. Eso es progreso. Cincuenta kilómetros más de experiencia, aprendizaje, vida. Esa es la única medición que importa.

Algunos días viajarás 100 kilómetros porque la carretera está despejada y el clima es perfecto. Algunos días viajarás 10 kilómetros porque estás en un camino montañoso que requiere que manejes con cuidado. Ambos días sumaron kilómetros a tu odómetro. Ambos días te movieron hacia adelante.

Quizás hoy vas a 80 km/h y ayer ibas a 100 km/h. Eso no significa que estés retrocediendo. A lo mejor el camino de hoy requiere que bajes la velocidad y admires el paisaje—yendo por la costa con el océano a tu lado—o manejando cuidadosamente por terreno difícil. La velocidad no importa. Los kilómetros que estás acumulando sí.

¿La persona a tu lado yendo más rápido o más lento? Su odómetro está marcando números completamente diferentes porque empezó desde un lugar diferente, tomó rutas diferentes, hizo paradas diferentes. Su kilometraje no tiene nada que ver con tu viaje.

Compara tu odómetro con TU odómetro de ayer. Esa es la única comparación que significa algo.

La ilusión de la propiedad del carril

Y mientras estamos cuestionando la falsa competencia, abordemos otra ilusión que has estado cargando: la propiedad del espacio público.

Vienes manejando como siempre, de regreso del trabajo. Solo quieres llegar a tiempo con tu pareja, que te está esperando en casa para ir al cine. Te distrajiste momentáneamente y de repente no te diste cuenta que un carro se te metió, frenaste de golpe, pero terminaste pegándole por atrás.

Accidente menor. Nadie salió herido. El cine tendrá que esperar. Todos se aseguran de que el otro conductor esté bien. Llegan los seguros. El oficial de tránsito también. Le cuentas tu historia al oficial. "Iba manejando abajo del límite de velocidad y de repente este carro se metió a mi carril. Simplemente no pude frenar a tiempo..."

Ahí mero. Pausa. Este hipotético accidente de carro era solo una historia para señalar algo. ¿"Tu carril"?

¿Cuándo se volvió tuyo ese carril? ¿Lo compraste? ¿Está tu nombre en el título? ¿Nos dan escrituras cuando nos incorporamos a la carretera?

Los carriles son públicos. Le pertenecen a todos. Ese otro conductor tiene tanto derecho a ese carril como tú.

Pero ¿qué pasa cuando creemos que somos dueños del carril? nos genera coraje al volante. En el momento en que crees que ese espacio es TUYO, cualquier carro que entre se siente como una violación. Como alguien entrando a tu casa. Tus niveles de estrés se disparan porque alguien te "quitó" algo.

Excepto que no lo hicieron. Porque nunca fue tuyo para empezar.

No estoy diciendo que tengas que amar cuando alguien se incorpora sin direccional o te cierra. Estoy diciendo que la intensidad de tu enojo es directamente proporcional a cuánta propiedad sientes sobre el espacio público.

Bajándole al coraje al volante

Mira, no te voy a decir que nunca toques el claxon o que nunca te frustres. Eso no es realista, y honestamente, ni siquiera es la meta (y sería un pésimo ejemplo viviente si dijera lo contrario).

A veces SÍ DEBES tocar el claxon. Si alguien está a punto de pegarte, toca el claxon. Si alguien no se da cuenta de que el semáforo cambió a verde y el tráfico se está acumulando, un claxonazo rápido ayuda. Si alguien se está desviando hacia tu carril, toca el claxon por seguridad.

La meta no es cero coraje al volante. La meta es quizás 10% de coraje al volante en lugar de 90%.

Sé humano. Moléstate a veces. Pero sé intencional al respecto. Pregúntate: "¿Este claxonazo es por seguridad, o es por mi ego?".

También considera a otros y ocasionalmente toca el claxon por ellos, por su seguridad. A veces lo necesitan.

Si un carro te cierra y mantienes el claxon por 10 segundos mientras gritas, eso es ego. No estás previniendo un accidente en ese punto —el carro ya te cerró. Solo los estás castigando por faltarle al respeto a "tu" carril.

Tu claxonazo no va a cambiar su comportamiento. Una de varias, o no les va a importar, o se van a poner a la defensiva, o te van a mentar la madre. Nadie ha recibido un momento de coraje al volante y pensado, "Sabes qué, ese claxonazo furioso realmente me enseñó una valiosa lección sobre las reglas de cómo cambiarme de carril."

La única coordenada que importa

Entonces establezcamos la regla fundamental para todo este viaje:

Tú eres tu propio [0,0] en tu coordenada [x, y].

Todo a tu alrededor—velocidad, éxito, inteligencia, belleza, riqueza —se está midiendo relativo a TU posición. Y eso no es arrogancia. Es simple física. No puedes medir nada sin un punto de referencia, y tú eres TU punto de referencia.

Otras personas son SUS puntos de referencia. Te están midiendo relativo a ellos, igual que tú los mides relativo a ti.

Nadie está equivocado. Todos simplemente están manejando su propia ruta a su propio paso con su propio odómetro mostrando números diferentes.

El problema no es que seas el centro de tu propio universo. El problema es pensar que se supone que debes ser el centro del universo de TODOS. O peor, creer que hay algún marcador objetivo en el cielo calificando el desempeño de manejo de todos.

No lo hay.

No hay examen.

Entonces, deja de comparar tu velocidad con otros. Deja de pensar que eres dueño del carril. Deja de tocar el claxon por cada ofensa percibida. Enfócate en TU ruta, TU progreso, TU odómetro comparado con donde estaba ayer.

Ahí es donde empezamos. Justo aquí. En TUS coordenadas.

¿Listo para seguir?

Capítulo 2

10,000 ESPEJOS RETROVISORES

Un carro revela algo que ninguna otra cosa en tu vida podría hacerlo con facilidad, mostrar las diferentes versiones de quién eres.

Recuerda todas las veces que has tenido pasajeros. Niños en el asiento trasero rumbo a la escuela. Una pareja de copiloto durante un viaje largo. Familiares mayores camino a una cita con el doctor. Amigos amontonándose para una escapada de fin de semana. Un compañero de trabajo al que llevaste cuando su carro estaba en el taller.

Cada uno de ellos experimentó un conductor completamente diferente.

No porque estuvieras siendo falso. No porque estuvieras montando un show. Sino porque diferentes situaciones, diferentes pasajeros y diferentes caminos sacan diferentes versiones de quién eres detrás del volante.

Diferentes pasajeros, diferentes conductores

Si tienes hijos, piensa en esos viajes familiares en carretera. Vas agarrando el volante muy fuerte, preocupándote en voz alta por el dinero de la gasolina. Les estás gritando que "dejen de pelearse allá atrás" porque el tráfico te tiene estresado.

Hay tensión en tu voz cuando te pierdes y te niegas a confiar en el GPS. Crees que están enfocados en el destino—la playa, el parque de diversiones, las montañas. Pero no.

Están enfocados en ti. Los niños absorben todo. Están viendo al conductor. Porque el conductor controla su seguridad, su comodidad, toda su experiencia dentro del carro.

No están pensando a dónde van. Están viendo cómo los estás llevando.

Ahora piensa en tu esposa o pareja de copiloto.

Ellos ven un conductor completamente diferente al que ven tus hijos. Te ven haciendo cambios rápidos de ruta cuando vas tarde—cambiando carriles agresivamente, tomando atajos, pasándote los amarillos. Pero también te ven en el estacionamiento, tomándote tiempo extra para estacionarte en reversa perfectamente porque no quieres dejar el carro chueco.

Ven al tú impaciente y al tú meticuloso en el mismo viaje.

Tus hijos solo ven "conductor estresado". Tu pareja ve el matiz—la competencia mezclada con impaciencia, el cuidado mezclado con frustración. Saben que no eres solo un conductor; eres varios conductores dependiendo del contexto.

¿Y cuando tus familiares mayores están en el carro? De repente, eres un conductor completamente diferente.

Bajas la velocidad en los amarillos en lugar de pasártelos. Dejas espacio extra entre tú y el carro de adelante. Evitas cambios de carril a menos que sea absolutamente necesario. Narras tus decisiones de manejo en voz alta: "Me voy a incorporar ahora, solo dejo pasar este carro primero."

No es que seas falso. Esto es apropiado. Eres tú adaptando tu manejo a las necesidades de tus pasajeros.

Pero si tus hijos pudieran ver ESTA versión de ti, apenas reconocerían al conductor. ¿Dónde está la persona que les grita a los conductores lentos y se mete por calles laterales para ahorrarse tres minutos?

Y luego están esos viajes de fin de semana con amigos—ventanas abajo, música alta, tomando la ruta escénica porque nadie tiene prisa.

Vas 15 km/h debajo del límite de velocidad solo para disfrutar el paisaje. Te detienes en fondas random al lado del camino. Te ríes de las vueltas equivocadas en lugar de estresarte por ellas.

Tu pareja estaría en shock. "¿Desde cuándo disfrutas perderte?"

Pero no eres una persona diferente. Solo eres un conductor diferente en un contexto diferente con diferentes pasajeros y diferentes retos.

Cada día de la semana a las 2pm, estás formado en la fila para recoger de la escuela. Paciente. Avanzando lentamente. Dejando pasar a otros padres. Asegurándote de que ningún niño corra detrás de tu carro.

Pero tres horas después, estás saliendo del trabajo en hora pico, cambiando carriles agresivamente porque necesitas llegar a casa, hacer la cena, y llevar a los niños a la práctica de futbol a las 6.

Mismo conductor. Mismo día. Enfoques completamente diferentes.

Entonces, ¿cuál es el "verdadero" tú?

Todos ellos.

Cada versión es auténtica. No te estás poniendo una máscara— estás respondiendo a diferentes caminos, diferentes pasajeros, diferentes circunstancias.

Si trataras de manejar de una manera que satisficiera a TODOS tus pasajeros pasados al mismo tiempo, estarías paralizado.

Tus hijos querrían que estuvieras tranquilo y relajado. Tu pareja querría que fueras decisivo y eficiente. Tus padres mayores querrían que fueras cauteloso y lento. Tus amigos querrían que fueras espontáneo y divertido.

Necesitarías ser 10,000 conductores diferentes para impresionar a todos los que alguna vez han estado en tu carro.

La versión perfecta imposible

Creamos una versión idealizada en nuestras cabezas—el "conductor perfecto" que haría felices a todos. Tranquilo pero decisivo. Paciente pero eficiente. Cuidadoso pero espontáneo.

Y luego nos agotamos tratando de SER esa versión para todos, todo el tiempo.

Pensamos que todos nos están calificando por qué tan cerca llegamos a esta versión perfecta. Imaginamos a nuestros pasajeros comparando notas: "Cuando me subí con esa persona (tú), estaba muy estresada. ¿Qué pasó con la versión divertida y relajada que se supone que era?"

Esa versión perfecta universal no existe. Nunca existió.

No estás fallando en convertirte en ella. Estás persiguiendo algo que nunca fue posible en primer lugar.

Tus hijos no necesitan la versión divertida de viaje cuando están asustados en el asiento trasero durante una tormenta—necesitan la versión confiada de yo-controlo-esto. Tus padres mayores no necesitan la versión eficiente—necesitan la versión paciente y cuidadosa. Tu pareja no necesita la versión siempre-feliz—necesitan la versión honesta y auténtica.

No hay examen calificando si te has convertido en la versión "correcta" de ti mismo. Solo hay diferentes caminos que requieren diferentes enfoques, y diferentes pasajeros que necesitan diferentes cosas de ti.

Deja de tratar de perfeccionar un tú universal. Empieza a reconocer qué versión genuinamente sirve al momento en el que estás.

Eligiendo tus pasajeros

No puedes ser todas las versiones a la vez. Pero puedes elegir qué versión te sirve mejor para la ruta en la que estás ahora mismo.

Si estás llevando a tus hijos a algún lugar, quizás canaliza la versión paciente que narra cada decisión en lugar de la versión estresada y apresurada. No porque una sea "real" y la otra falsa, sino porque una crea mejores recuerdos para los pasajeros que más importan en ese viaje particular.

Si estás manejando solo para despejar tu mente, quizás canaliza la versión de ruta escénica en lugar de la versión agresivamente eficiente. No porque se "supone que" te relajes, sino porque esa versión podría realmente servir mejor a tus necesidades en ese momento.

Algunas personas sacan comportamientos de manejo en ti que no te gustan particularmente.

Quizás hay un pasajero que te hace sentir juzgado, así que manejas más cautelosamente de lo necesario—cuestionando cada cambio de carril, sobre explicando cada decisión. O quizás hay un pasajero que te hace sentir competitivo, así que manejas más agresivamente para probar algo.

La pregunta no es "¿Cuál versión es el verdadero yo?" La pregunta es, "¿Qué versión quiero ser, y a quién quiero que viaje conmigo?"

Tú eliges quién se sube a tu carro. Tú eliges quién va de copiloto. Tú eliges quién influencia tu manejo.

Algunos pasajeros te hacen mejor conductor. Algunos pasajeros te estresan. Algunos pasajeros disfrutas tenerlos cerca. A algunos pasajeros solo les das un aventón por obligación.

No hay examen calificando qué pasajeros deberías conservar o qué versión de ti mismo deberías ser. Pero sí hay una decisión sobre quién tiene acceso a tu carro y qué rutas tomas con ellos.

Déjalos quedarse con su versión

Algo que podría incomodarte es saber que las personas en tu vida ya han formado su versión de ti. Y no tienes ni idea de cómo es esa versión. Es como cuando te escuchas a ti mismo en una grabación. Seguramente no va a coincidir con la versión que crees que eres—o la versión que estás tratando de mostrarles.

Digamos que tu hijo cuenta una historia en Navidad: "¿Se acuerdan de ese viaje donde papá se perdió bien feo y terminamos en esa fonda rara? ¡Estuvo buenísimo!"

Pero tú lo recuerdas diferente. No estabas perdido—tomaste un desvío deliberado. Y estabas estresadísimo, no divirtiéndote.

Tienes dos opciones:

Opción A: Corregirlos. "En realidad, no estaba perdido. Estaba tomando una ruta escénica y por eso estaba bastante estresado, no me estaba riendo."

Opción B: Dejarlos quedarse con su versión. Porque en SU memoria, ese momento es uno muy feliz. Recuerdan reírse con sus hermanos.

Recuerdan la fonda peculiar. Te recuerdan como parte de una aventura, no de un error.

¿Por qué les quitarías eso solo para ser técnicamente correcto?

Su versión los satisface, no tu versión corregida. Su recuerdo "distorsionado" de ti es lo que aman. Es lo que necesitan de ese momento. Tu versión corregida no les sirve a ellos—sirve a la necesidad de tu ego de ser entendido con precisión.

Esto aplica a todos. Tu pareja recuerda la versión de ti que les importa en su historia—frecuentemente una versión de la que ni siquiera eres consciente, una versión que no te has dado cuenta que eres. La persona increíble con quien se casaron. La que los hace sentir seguros, o vistos, o retados de la manera correcta. Tus padres recuerdan la versión que encaja en su experiencia. Tus amigos recuerdan la versión de la época en sus vidas cuando estuviste presente.

No puedes hacer que actualicen su versión para que coincida con tu realidad actual. Y honestamente, ¿por qué querrías?

Deja que la gente se quede con su versión de ti. Mientras no sea dañina, mientras les traiga algo que necesitan, déjalos con esa.

No eres un conductor fijo capturado perfectamente en la memoria de todos. Eres 10,000 versiones en 10,000 recuerdos distintos, y cada una de esas versiones es real.

No hay examen como para que corrijas la memoria de todos hasta que coincida con tu historia oficial.

No estás atrapado

No eres un conductor fijo. Eres una colección de estilos de manejo que aparecen en diferentes contextos.

Pero solo porque PUEDAS manejar estresado, impaciente y preocupado no significa que TENGAS QUE seguir manejando así—especialmente si no es benéfico para ti o a los pasajeros que realmente te importan.

No puedes controlar cómo te recuerdan tus pasajeros anteriores. Tus hijos podrían recordar la versión estresada aunque hayas dado tu mejor esfuerzo. Eso no está bajo tu control.

Pero puedes controlar cómo manejas de aquí en adelante. Puedes decidir qué versión aparece más seguido. Puedes decidir qué pasajeros tienen acceso regular a tu carro.

No estás atrapado siendo el conductor que todos los demás experimentaron. Tú decides qué versión toma el volante mañana.

No hay examen al final calificando si elegiste "correctamente". Solo estás tú, tu carro, tu ruta, y los pasajeros que decides traer contigo.

Entonces, ¿quién quieres ser detrás de ese volante?

Parte Dos

ENTRADA A LA CARRETERA

Entramos a la carretera principal, nos damos cuenta de cómo aprendiste a manejar.

Capítulo 3

LAS RUTAS QUE TE ENSEÑARON

¿Recuerdas cuando aprendiste todo lo que sabes sobre manejar? No solo la mecánica—el cómo girar el volante, pisar los pedales, revisar tus espejos. Estoy hablando de las otras cosas. Las reglas no escritas. Los instintos. Las reacciones viscerales que tienes cuando alguien te cierra o cuando ves un lugar de estacionamiento libre.

¿De dónde vinieron esas?

Cómo se propaga el conocimiento

Piensa en un lápiz.

Sabes que puedes escribir con él, pero ¿cómo lo sabes? Tu maestra te enseñó, quizás tus papás. Pero ese conocimiento específico se "viralizó" hace miles de años. Y antes de tu maestro, alguien les enseñó. Y antes de eso, alguien más. Yendo hacia atrás cientos, quizás miles de años—el "virus de conocimiento" del lápiz sigue vivo, sigue propagándose, sigue transmitiendo la misma idea básica: esta herramienta hace marcas sobre el papel.

Digo, ahora literalmente sabemos lo que significa volverse viral.

(Sé que algunos ya bloquearon el 2020, pero experimentamos de primera mano cómo algo literalmente se volvió viral.)

Si tuviste COVID, imagina cuántas personas antes de ti cargaron la misma cepa del virus que la tuya. Si te vas hacia atrás, hay un origen, el paciente cero, luego se "viralizó" de varias personas hasta ti. Técnicamente, ese virus pasó por mucha, mucha gente, como si fueras la generación 73.

El conocimiento funciona igual. Se propaga de persona a persona, generación a generación, cada uno pasándolo, y la mayoría del tiempo, sin cuestionar de dónde vino originalmente.

Así es básicamente como aprendemos todo.

Los hábitos de manejo que heredaste

Aprendiste a manejar en una escuela de manejo—donde te enseñaron las reglas oficiales (y quizás algunas manías personales de los instructores). De tus papás, que te enseñaron con el ejemplo cada vez que te sentabas en el asiento trasero viéndolos. De tu cultura, que te enseñó que ciertos comportamientos de manejo significan ciertas cosas. De las películas, que te mostraron cómo se ve manejar "cool", cómo se ve manejar "agresivo", cómo se ve el "éxito" en el camino.

Nada de esto es neutral. Todo es programación.

¿Cambios de carril competitivos? Eso lo aprendiste. Quizás de ver a tu papá o mamá zigzaguear en el tráfico para "recuperar tiempo". Quizás de películas donde el héroe siempre maneja como un cohete. Quizás de la cultura de manejo de tu ciudad, donde cualquier duda puede hacer que te piten.

¿El status de los lugares de estacionamiento? Eso también lo aprendiste. Llegar primero. Estacionarte cerca de la entrada. Tener el "mejor" lugar. Nada de eso es objetivamente mejor—es solo una jerarquía que alguien inventó y todos acordaron hacer cumplir.

¿Jerarquía vial? Los tráileres deben quedarse a la derecha. Los deportivos pueden ir rápido. Las minivans son aburridas. Los carros de lujo merecen respeto. Los eléctricos son para ambientalistas (o *early adopters*, dependiendo de qué virus te contagiaste).

Todo aprendido. Todo transmitido. Todo aceptado sin cuestionar.

Alguien te dijo que te sintieras superior

Neil deGrasse Tyson—astrofísico, divulgador científico, alguien que admiro profundamente por cómo abraza las ideas—escribió algo sobre la competencia en su libro *Starry Messenger* que aplica perfectamente aquí:

> Las Olimpiadas deben su existencia a la búsqueda de personas que se desempeñan más rápido, más alto y más fuerte entre nosotros. Los exámenes estandarizados, los concursos de televisión, los concursos de belleza, las audiciones de talento y los Forbes 400 todos enfrentan a humanos contra humanos, en orden de rango. La sociedad ofrece cientos, si no miles de formas de mostrar que eres mejor que otros.[1]

Y luego dijo algo que debería hacernos a todos detenernos y pensar:

> "Te sientes superior porque alguien te dijo que estaba bien sentirte así."[2]

Reflexiona eso un momento.

No te despertaste un día sintiéndote naturalmente mejor que el conductor lento tapando el carril izquierdo cuando debería estar en el derecho. Alguien te enseñó que los conductores lentos en el carril izquierdo están "mal" aunque estén conduciendo al límite de velocidad, y por lo tanto tú (el conductor más rápido, "correcto") eres superior.

No sabías inherentemente que rebasar más carros significa ganar. Alguien te enseñó que adelantarte = éxito.

La competencia fue instalada en ti. Como software. Como un virus.

La economía de atención de mi ciudad natal

Déjame darte un ejemplo personal de donde soy.

Crecí en Monterrey, México. Ahí donde hay un virus cultural profundamente arraigado. Nos llamamos competidores y trabajadores, y presumimos de eso con orgullo—pero quizás solo estamos enmascarando la necesidad de atención y validación para sentirnos superiores a otros.

Así funciona: Si alguien tiene algo que recibe atención, necesitas algo mejor, más grande, (usualmente más caro) para obtener—o robar—el reflector de ellos.

¿Tu amigo compra un carro que la gente nota? Vas y buscas una *troca* que la gente note más.

¿Tu vecino hace una fiesta de la que todos hablan? Necesitas hacer una que se convierta en el nuevo estándar.

Aplica a todo. Bodas. *Quinceañeras*. Títulos de trabajo. Tamaños de casa. Equipos de futbol.

Y la parte retorcida de todo esto es que tu alegría se vuelve relativa a hacer que otros se sientan menos.

No es suficiente estar feliz con tu carro—necesitas saber que tu carro recibe más atención que el carro de tu amigo. No es suficiente hacer una fiesta maravillosa—necesitas que la gente diga que estuvo mejor que la anterior, para que el anfitrión previo se sienta superado.

Y no es solo con eventos y posesiones. Se pone aún más personal:

"¿Cuándo te casas?" "¿Cuándo vas a tener hijos?" "Tu prima ya tiene dos hijos, ¿qué estás esperando?" "Tu hermano acaba de ser promovido, ¿cómo va tu trabajo?"

Esta comparación constante no viene de algún sistema de medición objetivo. Es el mismo virus cultural propagándose a través de familias, convenciendo a todos de que su valor se mide por alcanzar los mismos hitos—y alcanzarlos más impresionantemente que todos los demás.

Hay incluso un experimento mental que expone esto perfectamente:

"¿Preferirías tener una casa de \$4,000,000 donde todos los demás tienen casas de \$3,000,000, o una casa de \$5,000,000 donde todos los demás tienen casas de \$10,000,000?"

Racionalmente, la casa de cinco millones es objetivamente mejor. Más grande, más bonita, más valiosa.

Pero la mayoría de la gente se inclina por la casa de \$4,000,000. Porque en esa colonia, están ganando. Están en la cima. La abundancia no importa si no eres relativamente superior. Tienen la casa más bonita de la cuadra—están recibiendo toda la atención.

En la colonia de la de cinco millones, están hasta abajo. Tienen la "peor" casa. Aunque sigue siendo una mansión por cualquier medida objetiva, nadie les está prestando atención.

Esa preferencia—ser relativamente superior en lugar de objetivamente mejor—es aprendida. Es un virus cultural. Y hace miserables a las personas.

No pasa con todo el mundo, y tampoco es exclusivo de Monterrey. Pero es la realidad que sé por haber crecido ahí.

Señales de estatus que nos enseñaron a valorar

¿Has notado cómo algunas personas solo compran café caro del lugar de moda cuando podrían hacer café en casa por una fracción del precio (pero sin el vaso)?

No se trata del café. Se trata de entrar a la oficina con ese vaso específico. Se trata de ser visto como alguien que puede pagar el café "nice" del lugar del que todos hablan. Es señalización de estatus.

Lo mismo con la ropa de marca donde el logo es enorme y visible. No necesariamente estás comprando la calidad (una playera lisa es igual de funcional)—estás comprando la señal. Estás diciendo, "Puedo pagar esta marca, lo que significa que estoy por encima de la gente que no puede."

Y siempre puedes saber cuándo alguien se volvió rico de la noche a la mañana porque de repente traen logos grandes y patrones de marca por todo su outfit. Necesitan mostrarle a la gente que ahora pueden pagarlo. Parecen tótems ambulantes de marcas de lujo.

Nadie nace preocupándose por los logos. Eso es aprendido. Eso es un virus que alguien propagó, y te contagiaste.

En mis años de preparatoria, una vez estaba pasando el rato con un par de amigos en mi ciudad natal. Estábamos terminando la noche después de andar en la patineta todo el día (no había internet en ese entonces, así que socializábamos afuera—qué extraño, ¿no?). Estábamos sentados en la cochera de la casa de mi amigo, y había un carro estacionado en la del vecino.

No recuerdo por qué, pero la conversación nos llevó a notarlo como un carro equis. Gris. Aburrido. Estábamos como, "Meh, es un sedán."

Pero luego uno de mis amigos, al pararse a tirar el cigarro, se dio cuenta de que era un BMW, y de repente empezó a decir, "¡Wow, míralo, está chingón el carro!"

La marca lo hizo pensar así. No el carro en sí. Nada objetivamente diferente de su apariencia o función. Solo el logo. Solo el conocimiento de que se "suponía que" fuera impresionante.

Eso es el virus en acción. No nos importaba el carro hasta que supimos que era caro. Luego nos importó porque se suponía que debía importarnos.

Cuando te cachas preocupándote

La programación cultural es efectiva porque corre silenciosamente. No te das cuenta cuando se instala. Solo sientes la reacción y asumes que es tuya.

Pero puedes aprender a detectarla en el momento.

Estás en un semáforo y un carro de lujo se pone a tu lado. Algo sucede en tu mente—un juicio automático sobre el conductor, quizás un destello de envidia o un sentido de superioridad dependiendo de qué estás manejando. Esa reacción no era tuya. Fue programada en ti.

Ves las fotos de vacaciones de alguien en redes sociales. Antes de siquiera pensarlo, estás comparando su viaje con el tuyo, más si ya fuiste a ese lugar hace tiempo, sintiéndote rezagado, planeando mentalmente las próximas vacaciones aún más impresionantes para postear. Ese reflejo de comparación no era tuyo. Fue instalado.

La programación aparece en la fracción de segundo entre ver algo y sentir algo al respecto. Ese hueco—ahí es donde viven las creencias instaladas.

No puedes borrar la programación cultural completamente. Es muy profunda. Muy automática. Muy reforzada por todo a tu alrededor.

Pero puedes aprender a reconocerla. Y el reconocimiento lo cambia todo.

Cuando te caches juzgando el carro, casa, ropa, trabajo de alguien—

puedes poner pausa y preguntar: "¿Dónde aprendí que esto importa?" Empieza a buscar el origen de tus propias creencias.

Cuando sientas la urgencia de superar la historia de alguien, puedes meditar: "¿Realmente quiero compartir esto, o solo estoy tratando de establecer jerarquía?"

Cuando empieces a comparar tu vida con el *highlight reel* de alguien más, puedes cacharte: "¿Quién me enseñó a medir mi valor de esta manera?"

No siempre elegirás diferente. A veces reconocerás la programación y aún seguirás la inercia porque es más fácil, o porque todos los demás la están siguiendo también, o porque estás muy cansado para resistir.

Pero el reconocimiento rompe el piloto automático. Crea un momento de elección donde solía haber solo reacción automática. Y ese momento—ahí es donde empieza la libertad.

Puedes desaprender

Aquí están las buenas noticias: si estas ideas fueron aprendidas, pueden ser desaprendidas.

No estás atascado con los hábitos de manejo que heredaste. No estás obligado a competir solo porque todos a tu alrededor están compitiendo. No estás obligado a sentirte superior solo porque tu cultura te dijo que está bien.

Puedes reconocer la programación por lo que es—una idea que te fue transmitida sin tu permiso—y decidir si quieres conservarla.

Alguna programación cultural es útil. Las leyes de tránsito existen por buenas razones. Las normas sociales alrededor de la cortesía básica hacen que la sociedad funcione.

¿Pero cambios de carril competitivos? ¿El estatus de los estacionamientos? ¿Sentirte superior porque manejas de cierta manera o tienes quema cocos?

Esas son opcionales. Y te están volviendo miserable.

Entonces, ¿cómo empiezas realmente a desaprender?

Empieza con la consciencia. Acabas de practicar eso en la sección anterior. Nota cuando la programación está sucediendo. No la juzgues.

No la combatas inmediatamente. Solo vela. "Oh, ahí está esa comparación automática de estatus de nuevo."

Después cuestiónala. Cuando caches la programación sucediendo, pregúntate: "¿Qué tal si no me importara esto?" No como un compromiso de dejar de importarte para siempre—solo como un experimento. ¿Qué tal si el carro de esa persona no importara? ¿Qué tal si no necesitaras las vacaciones impresionantes? ¿Qué tal si solo... lo dejas ser? El mundo no se acaba. Usualmente, no pasa nada en absoluto.

Luego intenta elegir diferente la siguiente vez. No como una nueva regla. No como un cambio permanente. Solo una vez. Alguien está hablando de algo de lo que están orgullosos. En lugar de mencionar tu propio logro, solo di, "Qué bien." Eso es todo. No un "Me hiciste el día", no haciéndolo sobre ti. Solo reconocimiento simple. Observa qué pasa. ¿Usualmente? Siguen hablando. No notan que no competiste. La jerarquía que pensabas que necesitabas establecer en realidad no era necesaria.

Nota cómo se siente. Cuando no participas en una comparación en la que normalmente te habrías enganchado, cuando no compras el artículo de estatus que usualmente habrías comprado, cuando no juzgas a alguien que normalmente habrías juzgado—pon atención al sentimiento. A veces es alivio. A veces es libertad. A veces es incómodo porque la programación sigue ahí, sigue insistiendo que esto importa. Todos esos sentimientos son información.

Eso es desaprender. No borrar el código. No reemplazarlo con código diferente. Solo reconocer que es código, y decidir si quieres correrlo.

Puedes elegir dejar de participar en competencias a las que nunca aceptaste entrar. Puedes elegir dejar de medir tu felicidad contra las vidas de otras personas. Puedes elegir manejar tu propia ruta sin preocuparte si estás "adelante" o "atrás" de alguien más.

No hay examen calificando si estás a la par con la gente correcta o siguiendo el guión cultural correcto.

Pero sí hay una elección: seguir corriendo el software que alguien más instaló, o empezar a escribir tu propio código.

Capítulo 4

LA TRAMPA DE VELOCIDAD

Kilómetro que recorrías en el pasado, kilómetro que solo tú llevabas la cuenta. Antes para saber lo que otros pensaban sobre tu camino, necesitabas preguntarles explícitamente. Hoy tenemos métricas instantáneas: likes, vistas, compartidos. Y nos hemos vuelto adictos a ese marcador de una carrera que nunca aceptamos correr.

¿Por qué estamos compitiendo? ¿Quién nos dijo que necesitábamos ser el carro más rápido en la carretera? ¿Cuándo el documentar nuestras vidas se volvió más importante que vivirlas?

La evolución de los conciertos

Hay un ejemplo perfecto de cómo ocurrió este cambio, y puedes rastrearlo a través de los conciertos de los últimos 40 años:

- 1980s: La gente iba a conciertos con las manos arriba, encendedores parpadeando en la oscuridad. Estaban disfrutando la música. Estaban EN el momento. El objetivo era sentir la música, ser parte de la energía de la multitud, conectar con el show.

- 1990s: Salieron las cámaras. La gente empezó a tomar fotos de los miembros de la banda. Muchas veces estaba prohibido introducir cámaras a los conciertos. Pero cuando podías, las fotos eran para recordarlos la noche después. Para mirar atrás y decir, "Yo los vi en vivo." La experiencia seguía siendo primaria. La documentación era secundaria.
- 2000s: Los celulares tuvieron cámaras. Ahora la gente grababa canciones enteras—todas *pixeleadas*, audio terrible, la toma temblorosa, un video que nunca volverían a ver. Pero todavía mayormente veían el show mientras grababan. El teléfono era suplementario a la experiencia.
- 2010s: Los smartphones mejoraron. Ahora la gente se tomaba selfies CON la banda de fondo. ¿Notas el cambio? La banda se convirtió en el fondo. El motivo ya no era sobre el concierto—era sobre probar que TÚ estuviste en el concierto. La documentación se estaba volviendo equivalente a la experiencia.
- 2020s: ¿Hoy? Ahora, la gente se graba a sí misma durante todo el concierto. La cámara apunta hacia ellos, la banda queda detrás del teléfono perdida en el horizonte. Los artistas no importan—somos los protagonistas de nuestro propio evento llamado "asistir a un concierto". No están viendo el show. Están viendo su pantalla capturándose a sí mismos en el show.

Nos hemos convertido en la historia. La banda es irrelevante.

El concierto ya no es el destino. El concierto es solo el telón de fondo para tu contenido. Para tu historia. Para tu prueba de que estás viviendo una vida interesante que otras personas deberían admirar.

Todos actúan, nadie ve

Hay un video que se hizo viral hace unos años. Lo más triste es que cada año se repite igualito. El Año Nuevo en París. Miles de personas reunidas alrededor del *Arco del Triunfo* para la celebración de medianoche.

La cámara recorre la multitud. Todas las personas tienen su teléfono arriba, grabando. Todos.

No viendo. Grabando.

Nadie está experimentando el momento por el que viajaron miles de kilómetros. Todos lo están viendo a través de una pantalla de 6 pulgadas, asegurándose de capturarlo para gente que no está ahí.

Entonces, si todos están grabando y nadie está viendo, ¿cuál es el punto de estar ahí?

¿Para quién lo están grabando? ¿Para la gente que no estaba ahí? ¿Por qué les importaría a esas personas el video tembloroso de teléfono de algo que no experimentaron?

La respuesta: Lo están grabando para probar que estuvieron ahí. Para probar que su vida es interesante. Para coleccionar evidencia de que están ganando la carrera.

Ve hoy a cualquier gimnasio. Observa qué pasa.

Alguien pone su teléfono para grabar su entrenamiento. No para revisar su forma. No para rastrear su progreso. Para postearlo. Para mostrarle a todos que están entrenando. Que están comprometidos. Que son más saludables que la gente que no está en el gimnasio.

Y aquí es donde se vuelve muy revelador: quitan a la gente que estorba la toma de su cámara. Se molestan si alguien camina por su encuadre. Reinician su serie porque alguien "arruinó" su video.

Y luego—aquí es donde se pone aún peor—postean un video exponiendo a la persona que se atrevió a interrumpir su grabación. ¿Cómo se atreve a usar este gimnasio público mientras uno está grabando contenido? Se van y los avergüenzan en línea por el crimen de... existir en un espacio compartido. (Reconocimiento público a Joey Swoll—un fisicoculturista e influencer de fitness—por iniciar el movimiento "Concéntrate En Tus Cosas" para señalar este comportamiento.)

El entrenamiento se vuelve secundario a la documentación del entrenamiento.

No están ahí para volverse más fuertes. Están ahí para ser vistos volviéndose más fuertes. No están compitiendo contra su *workout* anterior—están compitiendo por atención, por validación, por prueba de que van adelante en la carrera.

¿Dónde está el reality show?

Las redes sociales nos enseñaron que todos somos el personaje principal en nuestra propia película, y todos los demás deberían estar viendo.

No solo estamos viviendo nuestras vidas. Estamos actuando nuestra vida. Estamos curando nuestras vidas. Estamos editando nuestras vidas para una audiencia que puede o no importarle realmente.

Actuamos como si estuviéramos jugando un juego al que nunca nos inscribimos—concursantes de reality show, constantemente conscientes de la cámara, constantemente ajustando nuestro comportamiento para los espectadores, constantemente midiendo nuestro valor por los ratings.

¿Pero la verdad incómoda? Nadie está viendo tan de cerca como crees.

Tus seguidores no están estudiando tus posts. Están *scrolleando*. Están medio poniendo atención mientras esperan en la fila del café. Están consumiendo tu contenido de la misma manera que tú consumes el de ellos—rápido, sin pensar, ya olvidándolo antes de pasar al siguiente post.

Los psicólogos le llaman a esto el efecto reflector. Asumes que estás en un escenario, que todos notan tu apariencia, tus errores, tus decisiones de vida. ¿La verdad? Todos están demasiado preocupados por sí mismos como para preocuparse por ti. No son la audiencia viendo tu película—son las estrellas de su propia película, apenas conscientes de que existes como algo más que escenografía de fondo.

Estás compitiendo por atención de gente que en realidad no está viendo la carrera.

Desliza para refrescar

Entonces, ¿por qué no podemos parar? ¿Por qué seguimos checando? ¿Por qué se siente tan difícil simplemente dejar el teléfono?

Porque el sistema está diseñado para engancharte.

Las plataformas de redes sociales no son solo apps—son máquinas tragamonedas en tu bolsillo. Y usan exactamente el mismo meca-

nismo psicológico que hace adictivo el juego: el refuerzo inter-
mitente.

Así es como funciona: Posteas algo. No sabes cómo le irá. Quizás
obtiene 10 likes. Quizás 100. Quizás 1,000. Esa incertidumbre crea
anticipación. Y la anticipación dispara dopamina.

Cada vez que checas tu teléfono, estás jalando la palanca de una
máquina tragamonedas. A veces ganas (¡notificaciones! ¡likes! ¡comentarios!). A veces no. Pero la posibilidad de que ESTA vez podría ser la
gran ganancia te mantiene checando.

El golpe de dopamina ni siquiera es por los likes en sí—es por la
anticipación de quizás obtener likes. Por eso sigues refrescando. Por
eso checas cinco minutos después de postear. Por eso te sientes ansioso
cuando un post no está funcionando tan bien como esperabas.

No eres débil. No eres adicto porque te falta fuerza de voluntad.
Estás contra una industria multimillonaria que ha diseñado estas plataformas específicamente para ser tan adictivas como sea posible.
Emplean neurocientíficos y psicólogos conductuales cuyo trabajo
entero es descifrar cómo mantenerte *scrolleando*.

¿La insignia roja de notificación? Diseñada para disparar urgencia.
¿El scroll infinito? Diseñado para eliminar puntos de parada. ¿El indi-
cador de "visto"? Diseñado para crear presión social de responder
inmediatamente. ¿El algoritmo mostrándote contenido que te altera o
enoja? Diseñado para mantenerte enganchado aunque te haga
miserable.

Cada función está optimizada para una cosa: mantenerte en la
plataforma el mayor tiempo posible para que puedan vender más
anuncios.

Y funciona porque a la dopamina no le importa tu bienestar. A la
dopamina le importa la predicción de recompensa. Tu mente no
distingue entre recompensas reales o imaginadas—la dopamina se
dispara de cualquier manera. Y estas plataformas han descifrado exactamente cómo hackear ese sistema.

Por eso puedes pasar dos horas *scrolleando* y sentirte peor que
cuando empezaste. Por eso puedes saber intelectualmente que las redes
sociales te están poniendo ansioso pero aún no puedes dejar de checar.
Por eso borrar la app se siente como síndrome de abstinencia.

No estás fallando en el autocontrol. Estás peleando contra un sistema específicamente diseñado para anular tu autocontrol.

Persiguiendo validación de fantasmas

Entonces, ¿por qué lo hacemos? ¿Por qué seguimos alimentando la máquina aunque sabemos que está diseñada para explotarnos?

Porque en nuestra mente, estamos buscando validación de que somos más cool que otros. Que somos más interesantes. Que estamos ganando la carrera.

Cada post es una comparación. Cada historia es evidencia. Cada like es un voto confirmando que sí, vas adelante, lo estás haciendo mejor, vale la pena prestarte atención.

El concierto no es sobre la música—es sobre probar que tienes acceso a conciertos que otros no tienen. El video del gimnasio no es sobre el fitness—es sobre probar que eres más disciplinado que la gente que no está en el gimnasio. Las fotos de vacaciones no son sobre las vacaciones—son sobre probar que tu vida es más emocionante que la de la gente *scrolleando* tus posts.

Las redes sociales convirtieron la vida en una evaluación de desempeño. Y hemos estado persiguiendo una buena calificación desde entonces.

No hay juez. No hay puntuación final. No hay panel de personas al final de tu vida revisando tu *feed* de Instagram y decidiendo si viviste correctamente.

Estás corriendo en una competencia que no existe, tratando de impresionar gente que no está poniendo atención, coleccionando puntos que no significan nada.

Documentación vs actuación

Cuando dejas de actuar, puedes realmente vivir. Puedes estar presente. Puedes experimentar momentos en lugar de solo capturar evidencia de que sucedieron. Recuperas tu atención. Recuperas tu vida.

La gente está despertando a esto. Se están dando cuenta de que pasaron años filmando sus vidas en lugar de vivirlas. Y están haciendo un cambio: comparte menos, experimenta más.

Pero también quiero ser muy claro: documentar momentos no es el problema. ¿Tomar fotos para recordar el primer recital de tu hijo? Hermoso. ¿Grabar un mensaje de video para alguien que no pudo estar ahí? Considerado. ¿Capturar un momento porque genuinamente quieres revivirlo después? Perfectamente bien.

El problema es cuando la documentación se convierte en actuación.

Solo pregúntate:

¿Estabas compartiendo porque querías recordar el momento? ¿O estabas compartiendo porque querías que otros te vieran teniendo el momento?

¿Estabas documentando tu vida? ¿O estabas actuando tu vida?

¿Estabas experimentando el concierto? ¿O estabas probando que estuviste en el concierto?

No hay nada malo con la primera opción de las preguntas. La memoria importa. La conexión importa. Compartir momentos significativos con gente que te importa—eso es humano.

Pero cuando cada momento se convierte en contenido, cuando cada experiencia se convierte en evidencia en una carrera a la que ni aceptaste participar, cuando tu vida está curada para una audiencia en lugar de vivida para ti mismo—ahí es cuando perdiste el camino.

No hay examen calificando si tu vida se ve impresionante para los extraños en internet.

Pero sí hay una elección: seguir corriendo por validación de gente que no está viendo, o dejar el teléfono y realmente experimentar lo que estás haciendo.

La carretera es larga. El paisaje vale la pena verlo. Pero no puedes verlo si estás viendo una pantalla que te muestra lo que otras personas piensan de ti.

Deja de competir por atención. Deja de correr para probar que vas adelante. Deja de filmar el viaje y solo... maneja.

Capítulo 5

¿QUIÉN LLEVA LA CUENTA?

I magina arriesgar todo por lo que has trabajado por una discusión con un extraño.

Y me refiero a todo.

Todos esos años asistiendo a la escuela, jugando en el recreo, creciendo admirando a tu ídolo deportivo, aprendiéndote las letras de tu cantante favorito. Saliendo con tus amigos. Pasando tiempo con tus papás cuando te llevaban de vacaciones. Todo el trabajo duro que hicieron para meterte a la universidad. Los turnos que trabajaste para pagar tu educación. Las incontables noches que no dormiste, estudiando para esas clases brutales, aguantando porque estabas preparándote para ser alguien.

El hogar que has construido con tu pareja. Las personas que te esperan en casa. Tus hermanos o hermanas que te han conocido toda tu vida. Tus hijos, que nunca piensan que algo podría pasarle a su héroe o heroína. Ellos dependen completamente de ti—para su educación, para su techo, para su seguridad, para su futuro.

Todo. Todo lo que has construido. Todo por lo que te has sacrificado. Todo por lo que has trabajado.

Lo cambias por una discusión con un extraño sobre un partido. O un cambio de carril. O quién tenía razón.

Suena loco, ¿verdad?

La gente lo hace todos los días.

La pelea en el estadio

Estás en un partido. Tu equipo anota. Celebras. El tipo sentado detrás de ti—con la playera del otro equipo—dice algo. Ni siquiera a ti, solo murmurando a su amigo. Pero lo escuchaste.

Ahora tienes una opción.

Podrías ignorarlo. Disfrutar el partido. Ir a casa con tu familia. Despertar mañana con tu trabajo intacto, tu salud intacta, tu vida intacta.

O podrías voltear y decir algo. Escalarlo. Dejar que se convierta en algo. Dejar que tu ego te convenza de que necesitas poner a este extraño en su lugar porque le faltó al respeto a tu equipo, lo que significa que te faltó al respeto a ti, lo que significa que tienes que defender tu honor.

¿Y luego qué pasa?

Quizás nada. Quizás se echa para atrás. Quizás los dos gritan y luego seguridad los separa y ambos se van a casa sintiendo que "ganaron".

O quizás se pone físico. Quizás tiras un golpe. Quizás él te regresa uno. Quizás te caes. Quizás te pegas en la cabeza con un escalón de concreto. Quizás pierdes un ojo. Quizás terminas paralizado. Quizás terminas arrestado.

¿Para qué?

¿Por tu equipo? Digo, los jugadores de tu equipo casi nunca saben ni siquiera que existes como persona. No te van a ir a visitar en el hospital. No van a pagar tus gastos legales. No van a cuidar a tus hijos mientras estás lidiando con una lesión cerebral.

¿Por tu orgullo? ¿Cuánto vale tu orgullo? ¿Vale tu capacidad de caminar? ¿Vale que tus hijos pierdan un buen padre o madre por el insulto de un extraño? ¿Vale que tus hijos vean a su padre ser arrestado? ¿Vale perder tu trabajo porque ahora tienes antecedentes penales?

Bueno, el asunto es que no hay un juez dando puntos por tener razón.

No obtienes una calificación al final de la confrontación. No hay panel revisando el video y declarando, "Sí, tuviste razón en escalar esta situación, aquí está tu trofeo por defender tu honor." Fanfarrias. Fuegos artificiales. ¡Lo lograste!

Solo obtienes las consecuencias. Y el otro tipo obtiene sus consecuencias. Y ambos arriesgaron todo por... nada.

La confrontación de tráfico

Mismo patrón, diferente ubicación.

Alguien te cierra en el tráfico. Quizás no te vieron. Quizás van de prisa al hospital. Quizás solo son un conductor desconsiderado. No importa—estás enojado.

Tienes la misma opción que el tipo del estadio.

Ignorarlo y seguir manejando. O hacerlo un problema.

Aceleras. Te pones a su lado. Gritas. Haces gestos. Mantienes el claxon. Los sigues. Quieres que sepan que estaban mal. Quieres que se sientan mal. Quieres ganar esta confrontación.

¿La parte realmente estúpida? Tener "razón" no va a evitar que su carro te pegue.

Digamos que te cerraron de mala forma. Digamos que tú tienes 100% la razón, y ellos están 100% mal, y si esto fuera a una corte de tránsito, el juez te daría completamente la razón.

Felicidades. Tienes razón.

Pero si su carro choca con el tuyo porque decidiste probar un punto al no dejarlos incorporarse, tener razón no importa. Tu carro queda dañado. Podrías salir lastimado. Podrías terminar en un hospital.

A las leyes de la física no les importan las leyes de tránsito. Al seguro del otro conductor no le importa que técnicamente tuviste razón. Tu funeral no va a tener una manta que diga, "PERO ÉL TENÍA EL DERECHO DE PASO."

No hay examen calificando si estabas justificado en tu coraje al volante.

Solo está el resultado. Y el resultado podría ser que tienes razón Y estás herido. O tienes razón, Y estás en un hospital. O tienes razón, Y estás lidiando con una demanda por causar un accidente.

Cuídate. Nadie más está velando por ti en el camino.

Los marcadores invisibles

Entonces, ¿quién crees que te está calificando?

Cuando sientes ese impulso de defender tu honor, de probar que alguien está equivocado, de asegurarte de que sepan que tienes razón—¿quién está viendo? ¿Quién lleva la cuenta?

La mayoría de la gente, si fueran honestos, imaginan algún tipo de panel. Alguna audiencia invisible sumando victorias y derrotas. Algún contador cósmico rastreando si dejaste que la gente te faltara al respeto o si te mantuviste firme.

Quizás son las voces de tus papás en tu cabeza: "No dejes que nadie te pase por encima." Quizás es la programación de tu cultura: "Los hombres de verdad no se echan para atrás." Quizás es tu propia creencia internalizada de que echarte para atrás equivale a debilidad, y debilidad equivale a fracaso.

Pero esos marcadores no existen.

Tus papás no están viendo cada confrontación que tienes, calificando si te defendiste apropiadamente. Tu cultura no está llevando un conteo de cuántas veces te mantuviste firme versus cuántas veces dejaste pasar algo. Tu yo futuro no va a mirar atrás a tu vida y pensar, "Ojalá me hubiera metido en más discusiones con extraños."

El panel imaginario no es real.

Cuando alguien te cierra en el tráfico y sientes la oleada de "No puedo dejar que se salgan con la suya"—porque ¿quién exactamente los dejaría "salirse con la suya"? No hay policía de tránsito calificando tu respuesta. No hay consejo de valentía revisando si defendiste tu carril apropiadamente. No hay sistema de justicia cósmica dando puntos por enfrentarte a conductores desconsiderados.

El marcador que estás imaginando—el que juzga si estás siendo muy pasivo, muy agresivo, muy débil, muy confrontacional—existe solo en tu cabeza.

Y lo loco es que aunque sepas intelectualmente que nadie te está calificando en realidad, todavía sientes el impulso. Todavía sientes que hay algo en juego. Como que si dejas pasar esto, estás perdiendo algún juego invisible.

Ese sentimiento es real. El juego no lo es.

La pregunta no es "¿Cómo gano?" La pregunta es "¿Quiero jugar un juego que solo existe en mi imaginación mientras arriesgo cosas que realmente existen en la realidad?"

No tienes que ganar todo

Puedes visitar los parques de Disney sin tener que subirte a TODOS los juegos.

En serio. Puedes ir a Disney, subirte a tres juegos, comer algo, ver un desfile, e irte a casa. No tienes que maximizar cada minuto. No tienes que ir a cada atracción. No tienes que "ganar Disney".

Pero la gente lo intenta. Planean itinerarios con precisión militar. Se despiertan al amanecer. Caminan rápido entre atracciones. Se saltan comidas para meter más juegos. Estresan a sus familias tratando de extraer el máximo valor del precio de su boleto.

Y luego se van a casa exhaustos, quemados por el sol, quebrados, y apenas pudiendo recordar lo que realmente disfrutaron porque estaban tan ocupados optimizando.

La vida es igual.

No tienes que engancharte con cada idiota. No tienes que pelear cada batalla. No tienes que defender tu honor en cada confrontación. No tienes que corregir a cada persona que está equivocada en internet.

Simplemente puedes... dejarlo ir.

Déjalos estar equivocados. Déjalos tener el carril. Déjalos decir cosas estúpidas en el partido. Déjalos que te cierren. Déjalos pensar que "ganaron."

No hay marcador.

Nadie está rastreando cuántas discusiones ganaste. Nadie te está calificando por qué tan efectivamente defendiste el honor de tu equipo. Nadie te está dando puntos por tener razón.

Estás compitiendo en un juego que no existe.

Ganándole al tiempo estimado

¿Cuándo fue la última vez que trataste de ganarle al tiempo estimado de llegada del GPS?

Aunque sea solo 1 minuto antes, ¡ganamos! ¿Verdad? ¡Le ganamos al sistema!

Excepto que no lo hiciste. Te incorporaste agresivamente entre otros conductores. Puede que hayas hecho su traslado más enojado. Puede que hayas arriesgado un accidente. ¿Y para qué? Para llegar 60 segundos antes.

Nadie te está calificando por cuántas veces le ganas a tu tiempo estimado de llegada.

Yo indirectamente me puse barreras sobre esto en 2018 cuando compré mi carro. Es un Prius C. Ni siquiera es posible manejar de manera temeraria en este carro. Viniendo de un Mini Cooper, esto se sintió como: oye, puedes (y solo puedes) manejar en paz.

No es que esté manejando a 30 km/h ahora. Pero ya no voy a 100 km/h. Y el tiempo estimado del GPS puede quedarse igual o hasta subir. A nadie le importa. No hay examen calificando mi hora de llegada.

Así se ve la competencia imaginaria en la carretera: competir contra un número arbitrario que realmente no importa, creando estrés y riesgo para ti y otros, todo para "ganar" algo que nunca fue una competencia.

La tabla de posiciones imaginaria

¿Alguna vez has jugado un juego como *Candy Crush*?

Está diseñado para ser adictivo. Pasas un nivel. Te sientes bien. Ves los puntajes de tus amigos. Algunos van adelante de ti. Así que juegas otro nivel. Y otro. Y otro.

Y luego te das cuenta de que estás gastando dinero en un juego gratis. Estás perdiendo sueño. Estás ignorando a tu familia. Estás estresado por... *Candy Crush*.

¿Para qué? ¿Para ser #1 en una tabla de posiciones que literalmente no importa?

Tu mejor amigo o tus hijos no te van a recordar como "la persona que era muy buena en *Candy Crush*." Nadie va a grabar "Top 10 en *Candy Crush*" en tu lápida.

Pero tratamos las confrontaciones de la vida real de la misma manera.

Arriesgamos nuestros trabajos, nuestras relaciones, nuestra libertad, nuestra salud—todo para subir en una tabla de posiciones imaginaria. Todo para probar que somos mejores, más inteligentes, más correctos que algún extraño que nunca volveremos a ver.

Actuamos como si hubiera un marcador cósmico rastreando cada discusión que ganamos, cada persona que pusimos en su lugar, cada vez que defendimos nuestro honor.

No lo hay.

Dejando de pelear batallas imaginarias

No hay maestro revisando tus decisiones de vida y sumando cuántas veces te mantuviste firme versus cuántas veces dejaste pasar las cosas.

No hay boleta de calificaciones cósmica al final midiendo si defendiste tu honor apropiadamente, si dejaste que la gente te faltara al respeto, si probaste que tenías razón suficientes veces.

Solo está la vida que realmente estás viviendo. La seguridad que estás manteniendo. Las relaciones que estás preservando.

Cuando estés en una cama de hospital porque una pelea en el estadio salió mal, el doctor no te va a entregar un certificado de "Tenías Razón". Cuando estés lidiando con las consecuencias legales de un incidente de furia al volante, el juez no te va a dar puntos extra por haber tenido técnicamente la razón sobre la infracción de tránsito.

Las únicas medidas que realmente importan son:

¿Estás a salvo?

¿Las personas que amas están a salvo?

¿Esta confrontación vale lo que podrías perder?

Eso es todo. Ese es todo el cuestionamiento. Y ya sabes las respuestas.

El extraño en el estadio no importa. El conductor que te cerró no importa. La persona en internet que está equivocada no importa.

Lo que importa es llegar a casa con tu familia. Lo que importa es despertar mañana sin antecedentes penales. Lo que importa es no tirar todo lo que has construido por la satisfacción temporal de probar un punto a alguien que no te va a recordar cinco minutos después.

Así que deja de pelear batallas que no importan. Deja de arriesgar todo por nada.

No hay examen. Nunca lo hubo.

La única calificación que cuenta es si protegiste lo que realmente importa mientras dejabas ir lo que no.

Y esa es una prueba que puedes pasar simplemente alejándote de la confrontación.

PRIMERA PARADA DE PITS

Hemos estado manejando por un buen rato ya. Cinco capítulos, de hecho.

Te incorporaste a la autopista. Te diste cuenta de que eres tu propio punto de referencia. Conociste todas esas diferentes versiones de ti mismo que los pasajeros ven. Reconociste los virus culturales que has estado cargando. Viste a todos actuando sus vidas en lugar de vivirlas. Confrontaste un sistema de calificaciones que nunca existió en primer lugar.

Así que orillémonos un momento. Busquemos un área de descanso. Apaguemos el motor. Bajémonos y estiremos las piernas.

Mira qué lejos hemos llegado de tu colonia. Cuando empezamos, estabas en callecitas familiares donde todo tenía sentido porque habías manejado esas rutas miles de veces. Ahora estamos en la autopista, y las cosas se ven diferentes desde aquí.

Los carros a tu alrededor ya no son amenazas que vencer—solo están manejando a sus propias velocidades. El carril no te pertenece. ¿Y todas esas reglas que creías que tenías que seguir? La mayoría solo eran ideas heredadas, no requisitos reales.

Has visto cuánto de lo que creías que era verdad era solo programación. Creencias sobre necesitar ser el primero. Ideas sobre ser dueño de tu carril. La suposición de que alguien está calificando tu desempeño. La presión de mantenerte al nivel de todos a tu alrededor.

Nada de eso era real. Solo fue aprendido.

Estamos a punto de regresar al camino, pero el siguiente tramo es diferente. Ahora estamos tomando la ruta escénica—la que te muestra cómo todo cambia dependiendo de dónde estés parado.

¿Listo para ver cómo todo se ve diferente desde este punto de vista? Vámonos.

Parte Tres

LA RUTA ESCÉNICA

Tomamos la ruta escénica, vemos que todo es relativo.

Capítulo 6

LA VELOCIDAD ES RELATIVA

Te estoy llevando por la ruta escénica ahora—no la carretera donde estás enfocado en la velocidad y en adelantarte. La ruta escénica es donde bajas la velocidad y realmente miras alrededor. Notas el paisaje. Los árboles, las montañas, los otros carros con gente viviendo sus propias vidas.

De eso se trata esta parte del viaje. Bajar la velocidad para realmente observar—la gente a tu alrededor, la manera en que ves todo. No para cambiar dónde estás, sino para entender lo que realmente estás viendo desde donde estás parado. Tienes una vista única del paisaje porque nadie más está parado en el mismo lugar que tú.

Y eso incluye cómo ves a los otros conductores—y seamos honestos, no todos se ven como genios allá afuera.

Hay gente más tonta que tú, y gente más lista que tú.

La estupidez es relativa a TI. La gente es más lista o más tonta que tú. Así es como funciona nuestra percepción.

Volvamos al ejemplo de la carretera. Cuando vas a 100 km/h, el carro que va a 130 km/h se ve temerario. El carro que va a 80 km/h se ve incompetente. Pero ninguna de esas observaciones es objetiva—ambas son relativas a TU velocidad. Tú eres el punto cero. Todo lo demás se mide como "más rápido que yo" o "más lento que yo".

¿Alguna vez has notado un carro en tu espejo retrovisor manteniéndose a la misma distancia detrás de ti por kilómetros cuando vas viajando en carretera? Inmediatamente sientes una conexión con ese conductor—están usando tu ritmo, manejan como tú. Esa empatía sucede automáticamente porque coinciden con tu velocidad. Se sienten "correctos" para ti.

La inteligencia funciona igual. Tú eres la línea base. Personas que entienden las cosas más rápido que tú, que ven patrones que tú te pierdes, que captan conceptos que te confunden—son "inteligentes" relativas a ti. Personas que tardan más en entender, que se pierden patrones obvios, que batallan con conceptos que te parecen simples—son "estúpidas" relativas a ti.

La línea de ranking mental

Tu cerebro hace esto automáticamente. Sin que te des cuenta, los has *rankeado* subconscientemente en tu cabeza—una línea imaginaria de personas extendiéndose al horizonte, todos ordenados por inteligencia relativa a ti.

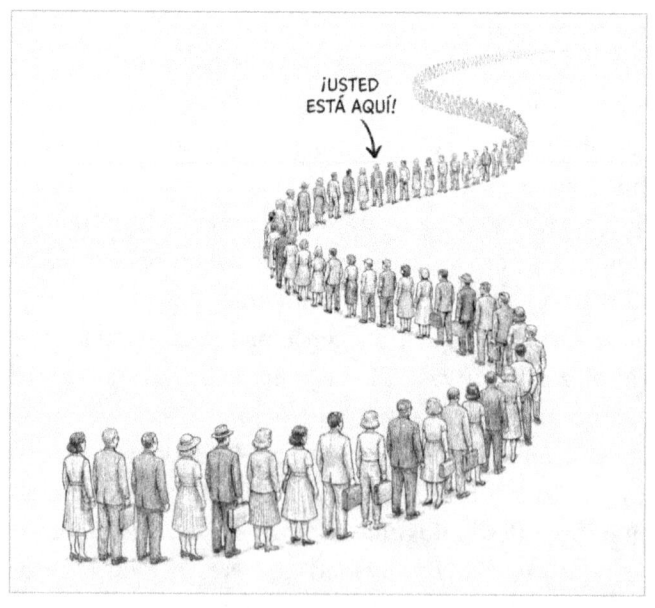

Estás parado en tu posición en esa línea. Todas las personas que has conocido están ordenadas en algún lugar de ella. La gente adelante de ti es "más lista." La gente detrás de ti es "más tonta." No universalmente —solo relativo a tu interacción con ellos.

Pero lo que nos cuesta darnos cuenta es que no puedes mover gente hacia adelante en TU línea. ¿Esa persona que te parece estúpida? No puedes educarla para que sea más lista que tú. No puedes arreglarlos. No puedes explicar las cosas mejor hasta que de repente *rankeen* más alto en tu línea. La posición en la que están depende de cómo tu cerebro interactúa con el suyo."

La línea está fija relativa a ti.

Pero—y esto es crucial—esa misma persona existe en la línea de todos los demás también. ¿Y en la línea de su mejor amigo? Podrían estar muy adelante. La persona que *rankeaste* como "estúpida" podría ser la persona más brillante en el mundo de alguien más.

Entonces cuando estés tentado a "arreglar" o "educar" a alguien que *rankeaste* detrás de ti en tu línea, recuerda: no estás midiendo inteligencia universal. Estás midiendo su posición relativa a TU punto de referencia. Y esa medición no tiene nada que ver con su posición en la línea de nadie más.

No puedes arreglar a la gente que está detrás de ti en tu línea. Y no necesitas hacerlo, porque no están universalmente atrás—solo están atrás relativo a tu percepción.

¿El conductor que se metió en tu camino? No lo vas a arreglar tocando el claxon más fuerte.

La gente estúpida está en todas partes, y eso nunca va a cambiar.

No puedes arreglarlos. No puedes educarlos. No puedes forzarlos a ver razón. No puedes hacer que admitan que están equivocados.

Y más importante, no te están calificando por cuánta gente estúpida corriges.

No hay un maestro evaluando tu vida pensando, "Wow, qué bien estás poniendo a los idiotas en su lugar. ¡Te mereces un 10 por esto!"

Déjalos estar equivocados. Déjalos que te cierren. Déjalos decir cosas tontas en el partido. Déjalos ser estúpidos en internet. Déjalos existir en su equivocación sin hacerlo tu problema.

Tú también estás en la línea de alguien más

Mientras estás ocupado *rankeando* a todos en TU línea, todos en tu vida tienen su propia línea. Tus padres tienen la suya. Si tienes hijos, ellos tienen sus propias líneas. Si tienes pareja, esa persona tiene su propia línea.

Y tú estás en todas ellas.

Piensa en eso. Si tienes hijos, no te están comparando con otros padres. Tú ERES su punto de referencia para "padre" o "madre". Eres su cero. Eres el estándar contra el cual todos los demás padres se miden en su línea—no porque estés compitiendo con ellos, sino porque literalmente eres su línea base.

Si tienes pareja, no te está *rankeando* contra otras parejas de sus amigos. Tú eres el punto de referencia para "pareja" en su mundo. Cuando conocen al esposo o esposa de alguien más, podrían notar dife-rencias—"oh, son más pacientes" o "mira, son menos organizados"—pero esas observaciones son mediciones relativas a TI. Tú eres el punto cero. Tú no estás en competencia con esas otras parejas. Tú eres el estándar.

Por lo tanto, tratar de que te premien como "el mejor" padre o "la mejor" pareja es imposible. No estás compitiendo en una carrera. No estás tratando de *rankear* más alto que otros padres o parejas. Ya eres su punto de referencia. Ya eres el cero en su línea.

¿El alivio? No estás cayendo en la línea de referencia de alguien más. El amigo de tu hijo no está pensando en ti para nada. El papá de su amigo es SU punto de referencia. Tú existes en su línea en algún lugar, quizás adelante, quizás atrás, pero no eres su cero. No eres su estándar.

Deja de tratar de competir con otros padres o parejas. No estás en esa carrera. Ya eres el punto de referencia de alguien. Y no te están calificando contra todos los demás—están midiendo a todos los demás contra ti.

Eso no es presión. Eso es liberación.

Decimos que alguien tiene "razón" cuando están de acuerdo con nosotros

¿Has notado cómo la gente que piensa como tú es "racional" y "lógica," pero la gente que no está de acuerdo contigo es "delirante" o "ingenua"? Eso no es porque tengas acceso a la verdad objetiva. Es porque estás midiendo su opinión contra la tuya.

Cuando alguien está de acuerdo contigo, tu cerebro dice, "Sí, esta persona está correctamente alineada con la verdad (que resulta ser mi posición)." Cuando alguien no está de acuerdo, tu cerebro dice, "Esta persona está totalmente desalineada con la verdad (que sigue siendo mi posición)."

No estás evaluando su argumento por sus méritos. Estás evaluando qué tan cercanamente coincide con tus creencias existentes. Y ellos están haciendo exactamente lo mismo contigo.

Tomemos las posturas políticas, por ejemplo. Sea cual sea el lado en el que estés, el otro lado no solo está equivocado—está peligrosamente equivocado. Delirante. Destruyendo el país. ¿Cómo no pueden ver lo que es tan obvio para ti?

¿Cuál es lo irónico en este ejemplo? Que ni siquiera mencioné de qué país o partido político estoy hablando. Pero ya mapeaste esto a tu propio panorama político, ¿verdad? Porque este patrón existe en todos lados. Cada país piensa que su división política es únicamente tóxica, únicamente frustrante, únicamente imposible de cerrar. Todos decimos "nuestra política es la que está rota", como si hubiéramos inventado la polarización.

Todos pensamos que nuestra situación es especial. Pero el mecanismo es idéntico a través de las fronteras: estás midiendo la posición política de todos contra la tuya. Las personas que coinciden con tu posición están "informadas." Las personas que no, están "lavadas del cerebro." Y ellos están haciendo exactamente la misma medición desde su punto de referencia.

¿Recuerdas el carro en tu espejo coincidiendo con tu paso? Sentiste esa conexión porque manejaban como tú. La gente que piensa como tú se siente igual—"correcto" porque coinciden con tu velocidad, tu ritmo, tu punto de referencia. Ambos piensan que tienen razón.

Ambos piensan que la otra persona está equivocada. Ambos están midiendo desde su propio punto de referencia y actuando como si fuera universal.

No lo es. Solo es tuyo.

Todo lo medible es relativo

Entonces si todo es relativo a tu posición—inteligencia, acuerdo, percepción—¿qué hay de las cosas que pensamos que son objetivas? ¿Como la riqueza? ¿Como la belleza?

Probemos el principio de relatividad:

¿Quién es más rico—una persona en situación de calle con una moneda de un peso en su bolsillo y cero deuda, o una persona de clase media con $500,000 pesos de deuda?

Objetivamente, la persona en situación de calle tiene un patrimonio neto más alto. Un peso es más que menos quinientos mil pesos. En papel, son "más ricos."

Pero no pensamos así, ¿verdad? Porque no estamos midiendo la riqueza objetivamente. La estamos midiendo relativa a posición social, acceso a recursos, calidad de vida, seguridad. La persona de clase media tiene deuda, claro, pero también tiene un hogar, comida, acceso a salud, propuestas de trabajo. La persona en situación de calle tiene un peso y ningún lugar donde dormir esta noche.

Entonces cuando decimos que alguien es "rico" o "pobre," en realidad no estamos hablando de números. Estamos hablando de cómo su situación se compara con nuestra expectativa base de lo normal.

Si creciste en pobreza, ganar $50,000 USD al año se siente de ricos. Si creciste con riqueza, ganar $50,000 USD se siente como un fracaso. Mismo número, sentimiento completamente diferente, dependiendo de dónde TÚ empezaste.

Ser rico es relativo. Siempre lo ha sido.

Belleza y atracción

El mismo principio aplica a la belleza. Tu sabes quién es atractivo— pero ¿de dónde vino ese estándar? Parte de él es biológico (estamos cableados para encontrar ciertas cosas atractivas—piel suave, simetría, signos de salud), parte es cultural (lo que tu sociedad valora), y parte es personal (lo que se siente familiar, lo que te recuerda experiencias positivas).

Pero lo que casi nadie se da cuenta es que tu estándar de belleza está basado en TI, en tu rostro, en tu cuerpo.

Tú eres tu propio punto de referencia para lo que se siente atractivo. Las características que tienes se convierten en la línea base de lo que se siente "correcto" y atractivo para ti.

Por eso la gente frecuentemente se relaciona con gente que se ve similar a ellos. No idénticos, pero muy parecidos. Estructuras faciales similares, coloración similar, proporciones similares.

No es coincidencia. Estás inconscientemente atraído a gente que se parece a ti porque coinciden con tu estándar interno de belleza—que fue construido alrededor de tus propias características. Te ves en el espejo todos los días. Estas características se vuelven familiares, cómodas, "correctas." ¿Y cuando ves esas características reflejadas en alguien más? Tu cerebro las registra como atractivas.

Hay un fenómeno donde las parejas frecuentemente parecen que podrían ser parientes, llamado apareamiento selectivo. Misma complexión general. Características faciales similares. Coloración similar. No es que se hayan transformado el uno en el otro por haber estado juntos tanto tiempo. Es porque se seleccionaron el uno al otro en primer lugar basados en familiaridad física.

Estás atraído a tu propio reflejo más de lo que te das cuenta.

Cuando ves a alguien cuyas características hacen eco de las tuyas—forma de ojos similar, nariz similar, línea de mandíbula similar—se sienten "correctos" para ti. Coinciden con el estándar que has estado construyendo toda tu vida al mirar tu propia cara.

Esto no es narcisismo. Es solo cómo funcionan los puntos de referencia. Tú eres tu punto cero para la belleza, igual que eres tu punto cero para la inteligencia y la velocidad y todo lo demás.

El mismo principio se extiende a las mascotas. La gente escoge perros que se parecen a ellos. O que actúan como ellos. O ambas cosas.

No siempre es obvio—no estás deliberadamente buscando un perro que coincida con tu cara. Pero subconscientemente, te atrae el perro cuya apariencia o temperamento se siente familiar. Se siente como... tú.

Ves un perro con tu nivel de energía, tu estructura facial (proporcionalmente), tu coloración—y algo hace clic. Ese perro se siente "correcto." Ese perro coincide con tus estándares internos.

Relatividad de nuevo. Tú eres el estándar, y te atrae lo que coincide con ese estándar.

Cuando no estás contento con tu propio estándar

¿Entonces qué pasa cuando no te gusta tu punto de referencia? ¿Cuando te ves en el espejo y desearías verte diferente?

Ahí es donde entra la modificación corporal. Cirugía plástica, trasplantes de cabello, implantes, *lifts*, rellenos, inyecciones—todas las maneras en que la gente intenta cambiar su línea base.

Y eso está completamente bien. Tu cuerpo, tu decisión.

Pero hay una pregunta crucial que necesitas responder antes de modificarte: ¿Estás haciendo esto por ti, o por alguien más?

Porque si lo estás haciendo por alguien más, en realidad no estás cambiando tu cuerpo. Te estás cambiando a ti mismo para cumplir con el estándar de alguien más. Y eso nunca termina bien.

Las trampas de la modificación

Ves a alguien famoso con un look específico. Son exitosos, son atractivos, están en todas partes. Y piensas: si me viera así, mi vida sería mejor.

Pero espera.

Esa celebridad NECESITA ese look. Su carrera depende literalmente de mantener esa apariencia. Les pagan por verse así. Tienen equipos de personas ayudándoles a mantenerlo. Estilistas, entrenadores, nutriólogos, cirujanos. Su trabajo es verse así.

Tu trabajo no lo es.

A ti no te pagan por verte como ellos. No tienes su equipo. No tienes sus ingresos para mantener esa apariencia. Y más importante— no tienes su carrera específica que requiere ese look específico.

Entonces si modificas tu cuerpo para verte como ellos, estás tomando todos los costos y mantenimiento de su apariencia profesional... sin ninguno de los beneficios profesionales.

Estás haciendo *cosplay* de los requerimientos de carrera de alguien más en tu vida regular.

Ahora bien, ¿para cumplir con el estándar de alguien más?

Quizás estás pensando: "Pero si cambio esta cosa de mi apariencia, finalmente atraeré al tipo de persona que quiero."

Detente.

Si alguien no se siente atraído a ti antes de la modificación, pero sí se siente atraído después... ¿a qué realmente se sienten atraídos?

Pues a la modificación. No a ti.

Se sienten atraídos a lo que cambiaste para convertirte para ellos. Se sienten atraídos al hecho de que te doblaste para cumplir con su estándar.

Y ahora estás atrapado o atrapada en una relación donde la base es: te modificaste para ser aceptable para ellos.

Piensa en lo que eso significa a largo plazo. Cuando tu cuerpo cambie naturalmente—envejecimiento, fluctuación de peso, la vida sucediendo—¿seguirán atraídos? ¿O van a querer que te modifiques de nuevo para mantener su estándar? ¿O van a buscar a otra nueva persona con esas características?

Los has entrenado para amar algo diferente a quien realmente eres.

Piensa en lo que eso significa: si alguien solo te ama DESPUÉS de la modificación, no te aman. Aman en lo que te convertiste para complacerlos.

Aman el resultado artificial. La versión alterada. El tú que se dobló para cumplir con su estándar.

Y ahora estás atrapado. Porque si alguna vez dejas de mantener esa modificación—si tu cuerpo cambia, si envejeces, si no puedes mantener la apariencia—¿te seguirán amando? Su atracción se desvanecerá porque la cosa a la que realmente se sentían atraídos ya no existe.

Has construido una relación basada en una modificación física para cumplir con el estándar de alguien más. Eso no es amor. Eso es una transacción.

Hazlo para ti mismo, o no lo hagas

Modifica tu cuerpo si y solo si TÚ quieres. Por TUS razones. Porque TÚ genuinamente quieres verte diferente o sentirte diferente de una manera que sirve a tu propia vida.

No para verte como alguien famoso que necesita esa apariencia para su carrera.

No para finalmente atraer a alguien que no se sentía atraído al verdadero tú.

No para cumplir con el estándar de alguien más de cómo "deberías" verte.

Porque si lo haces por ellos, no estás cambiando tu cuerpo—estás cambiando quién eres por validación externa. Y esa validación nunca será suficiente, porque en realidad no se trata de ti.

Tu cuerpo. Tu decisión. Tus razones.

No las de ellos.

Mira, soy un gran defensor de esto porque incluso lo he hecho yo mismo. Me hice un trasplante de cabello hace unos meses (o "reubicación capilar" como digo de broma—técnicamente te ponen tu propio cabello de una parte de tu cabeza a otra). Lo hice para arreglar mis entradas, y todo salió genial. Me siento increíble.

Pero aquí está la clave: lo hice por mí. No porque alguien dijo que debería. No para parecerme a nadie más. Lo hice porque yo quería.

Esa es la única razón que importa.

¿Qué pasa si todos desaparecieran?

Ahora te voy a plantear un experimento mental para exponer el qué tan absurda es la comparación externa:

Imagina que todos los demás en la Tierra desaparecieran de la noche a la mañana. Pandemia, apocalipsis, rapto—no importa. Eres la única persona que queda.

De repente, eres la persona más inteligente viva. Y la más tonta. Eres el más rico y el más pobre. El más atractivo y el menos atractivo. El más rápido y el más lento.

Todos los rankings desaparecen porque no queda nadie contra quién compararte.

¿Todavía te importaría ser "el mejor"?

Si eres la única persona viva, ¿importa que no puedas correr tan rápido como alguien que ya no existe? ¿Importa que no seas tan inteligente como la gente que se fue? ¿Importa que no tengas tanto dinero como la gente que no está ahí para tener dinero?

Por supuesto que no.

¿Entonces por qué te importa hoy?

Las otras personas siguen siendo efectivamente invisibles para tu progreso diario real. Su existencia no cambia tus capacidades. Sus logros no disminuyen tu crecimiento.

Estás compitiendo en una carrera donde los otros corredores ni siquiera sabrán que estás en la pista. Y ganar esa carrera no cambia tu odómetro—solo alimenta tu ego.

Compárate contigo mismo. El tú de ayer es la única persona que tuvo tus circunstancias exactas, tus recursos exactos, tus retos exactos. El tú de ayer es la única persona contra cuyo progreso realmente puedes medir, porque tienes datos completos.

¿Te moviste hacia adelante de donde estabas ayer? ¿Sí? Entonces estás progresando. ¿Te quedaste igual o te moviste hacia atrás? Entonces tienes información sobre qué ajustar.

Eso es todo. Ese es todo el sistema de medición.

El progreso de todos los demás es irrelevante para el tuyo. No sabes su punto de partida. No sabes sus ventajas o desventajas. No sabes qué significa "progreso" en su ruta única.

Pero conoces la tuya. Sabes dónde estabas ayer. Sabes dónde estás hoy. Sabes si te estás moviendo en la dirección que realmente quieres ir. Esa es la única medición que importa.

Einstein descubrió que el espacio y el tiempo son relativos—cambian dependiendo de tu posición y velocidad. No hay marco de referencia absoluto. Todo se mide relativo al observador. Dos personas viajando a diferentes velocidades experimentan el tiempo diferente. Ninguno está "equivocado." Ambos son correctos en sus marcos de referencia.

No hay estándar absoluto para el éxito, la inteligencia, la belleza o el progreso. Solo está tu marco de referencia y los marcos de referencia de todos los demás.

Deja de tratar de saltar al marco de alguien más y medirte por sus coordenadas. No puedes. Siempre mídete desde donde TÚ estás.

Entonces, mide tu progreso contra tu propia posición. Las coordenadas de ayer comparadas con las coordenadas de hoy.

Tu odómetro es solo tuyo

Recuerda: tu odómetro mide distancia viajada, no velocidad alcanzada. Mide experiencia acumulativa, no ranking competitivo.

Los odómetros de algunas personas marcan números más altos porque han estado manejando más tiempo. Algunos marcan números más bajos porque empezaron después. Algunos han viajado la misma distancia pero en caminos completamente diferentes.

Nada de eso cambia TU kilometraje.

Podrías estar en 10,000 kilómetros o 100,000 kilómetros—lo único que importa es si el número de hoy es más alto que el de ayer.

¿Te estás moviendo hacia adelante en tu propia ruta? Eso es éxito.

¿Estás manejando a un paso que funciona para el camino en el que estás? Eso es progreso.

¿Estás comparando tu odómetro con tu propia lectura anterior en lugar de la de alguien más? Eso es sabiduría.

No hay examen calificando si tu kilometraje coincide con la línea de tiempo esperada de alguien más.

Solo está tu odómetro, tu ruta, y la decisión de seguir avanzando.

Capítulo 7

SU VIAJE, TU RECUERDO

En tu espejo retrovisor, observa el camino detrás de ti. Todos esos kilómetros que has viajado—salidas que tomaste, paradas de descanso, tramos de carretera, ciudades por las que pasaste.

¿Qué recuerdas TÚ realmente?

Quizás un atardecer particular. Quizás esa vez que te agarró una tormenta. Quizás la playlist que traías en *repeat* por quinientos kilómetros.

Ahora pregúntale a la persona que iba de copiloto qué recuerda de ese mismo viaje.

Detalles completamente diferentes. Momentos diferentes. *Highlights* diferentes.

Mismo camino. Mismo carro. Mismos kilómetros viajados. Recuerdos totalmente diferentes.

Queremos crear recuerdos

Todo el tiempo planeamos experiencias específicamente para crear recuerdos.

La ruta de vacaciones perfecta. El desvío escénico. La parada especial en un restaurante. El destino sorpresa. Orquestamos cuidadosamente cada detalle porque queremos que las personas con nosotros recuerden este viaje para siempre. Constantemente buscamos consejos para un viaje por carretera—el itinerario perfecto, las paradas imprescindibles, el momento ideal.

¿Por qué? Porque pensamos que hay un examen. Pensamos que nos están calificando por qué tan buenos anfitriones somos, qué tan bien facilitamos la experiencia, si creamos el recuerdo "perfecto" para ellos.

Y pensamos que si lo planeamos suficientemente bien, si tocamos todas las paradas correctas, si calculamos todo perfectamente—podemos crear el recuerdo que queremos que tengan.

¿La realidad? Ese control a veces puede ser una ilusión. Controlas la ruta. Controlas las paradas. Controlas el tiempo.

Pero... no controlas cómo la otra persona lo experimentará.

Incluso estás planeando basándote en cómo piensas que tú lo experimentarías—poniéndote en sus zapatos. Pero eso solo funciona para ti relativo a tus experiencias, tu punto de referencia. Ellos tienen el suyo. Lo que te emocionaría a ti podría aburrirlos a ellos. Lo que tú encontrarías significativo podría no registrar para ellos en absoluto.

Tu hijo podría recordar el mirador escénico al que condujiste dos horas fuera de ruta para llegar. O podría recordar la discusión sobre el helado que pasó antes del mirador.

Tu pareja podría recordar el destino sorpresa. O podría recordar que estuviste estresado por las direcciones todo el camino.

Tu amigo podría recordar el *timing* perfecto de llegar al atardecer. O podría recordar que necesitaba ir al baño la última hora y estaba muy incómodo para disfrutar la vista.

¿Qué recuerdan realmente? Recuerdan lo que captó su atención, lo que les importó en ese momento, lo que su cerebro decidió que valía la pena guardar. Frecuentemente algo que ni siquiera notaste—un espectacular raro, una canción en el radio, la manera en que la luz pegaba en el tablero. A veces algo que desearías que olvidaran—la vuelta equivocada, el restaurante cerrado, la discusión del GPS.

Tú planeaste la experiencia. Ellos construyeron el recuerdo. Y lo que construyeron podría no tener nada que ver con lo que planeaste.

Los hermanos siempre recuerdan viajes diferentes

Pregúntales a tus hermanos sobre algún viaje familiar que hayan hecho todos juntos por carretera.

Yo lo he hecho. Mi hermana lo recuerda de una forma. Yo lo recuerdo de otra completamente diferente. Mismo carro. Mismos papás. Misma ruta. Mismas paradas. Todos estaban allí.

Pregúntales y escucha sus historias.

Una lo recuerda como el mejor viaje de todos—riéndose en el asiento trasero, jugando juegos de carro, comiendo botanas, sintiéndose emocionada por el destino. Otro recuerda el aburrimiento y la inquietud de estar atorado en el asiento de en medio, preguntando constantemente: "¿Ya mero llegamos?", y que le dijeran que se callara. Otro apenas recuerda el viaje—tenía un libro y leyó todo el camino, desconectándose de todo lo demás.

¿Quién tiene razón?

Todos ellos.

La memoria no es una cámara de video grabando verdad objetiva. La memoria es una reconstrucción. Tu cerebro toma fragmentos— imágenes, emociones, sensaciones—y construye una historia de ellos cada vez que recuerdas. Y la historia cambia dependiendo de lo que necesitas que signifique ahora mismo.

La hermana que recuerda el viaje como increíble podría haber estado de muy buen humor ese día, o quizás desesperadamente necesitaba un buen recuerdo familiar y su cerebro le dio uno. El hermano aburrido podría haber estado pasando por algo difícil esa semana, y el viaje en carro se convirtió en otra cosa que aguantar. El hermano lector encontró su propio escape, y eso era lo que necesitaba.

Misma experiencia. Tres recuerdos completamente distintos. Todos reales. Todos verdaderos para la persona que los tiene.

Cómo tendemos a planear para el futuro

Planear tiene una limitante de origen: siempre planeamos con lo que tenemos en mente ahora mismo. Nuestras experiencias. Nuestro punto de referencia. Nuestro entendimiento actual.

Pensamos que estamos creando un escenario futuro—imaginando qué importará, qué funcionará, qué será significativo en años. Pero si analizamos este concepto con mayor detalle, nos damos cuenta que solo estamos usando nuestra mentalidad actual y entendimiento de lo que es factible ahora mismo.

En realidad no podemos imaginar el futuro. Solo podemos imaginar una versión mejorada del presente.

(Ten paciencia conmigo un momento—esto se va a poner bastante más profundo.)

Pensemos, por ejemplo, en cómo diseñamos los carros. Ahora mismo, estamos construyendo tecnología para hacer que nuestros carros actuales se manejen solos. Los vehículos *Waymo*—son "carros regulares" con volantes, solo controlados por computadoras en lugar de manos humanas. Los *Waymo* pertenecen a Google y son carros que se manejan automáticamente mediante cámaras.

Esa es nuestra "visión futura" usando la línea base de hoy. Tenemos carros con volantes, así que agregamos cámaras que monitorean todo alrededor, calculan riesgos y rutas en sus sistemas inteligentes para que puedan usar esos volantes para manejarse solos sin necesidad de una persona en el asiento del conductor.

¿Pero el futuro real? Podría ni siquiera tener volantes. El carro será diseñado desde cero para moverse autónomamente. Sin volante. Sin pedales. Sin controles para un conductor humano que ya no es necesario.

No podemos imaginar ese carro todavía porque aún estamos pensando "carro con conductor robot" en lugar de "carro como robot."

Nuestra idea "futurista" es solo nuestra realidad presente, ligeramente mejorada. El futuro real tendrá una línea base completamente diferente que no podemos visualizar todavía porque no la tenemos ahora.

Si hoy estamos construyendo robots humanoides, imaginamos que el futuro en veinte años tendrá... mejores robots humanoides. Es lo que podemos imaginar ahora mismo.

¿El futuro real en veinte años? Quizás son robots del tamaño de mascotas o *minions* de bolsillo para tu escritorio. Cosas que no podemos visualizar todavía porque no estamos pensando en esos términos hoy. Estaremos mirando hacia lo que sigue, no mirando atrás a "esos robots humanoides de hace veinte años."

Entonces lo que llamamos "imaginar el futuro" es realmente solo imaginar cómo nuestro presente actual podría ser mejor. Es filosófico, pero piénsalo: si ya tienes una "idea futurista," esa idea existe hoy. La tienes. La puedes construir ahora mismo con la tecnología y mentalidad de hoy.

Es imposible pensar en una idea de diez años en el futuro porque no sabemos qué tendremos para entonces.

En 2005, habría sido imposible imaginar una app basada en touch para teléfonos móviles. No porque la gente no fuera suficientemente creativa, sino porque el iPhone no existía todavía. Nuestros pensamientos no podían incluir "interfaz touch" como línea base. Eso no estaba en nuestro contexto presente.

En el 2015, intenta imaginar imágenes y videos generados por inteligencia artificial. No podías, porque la IA generativa no había cambiado cómo pensamos sobre la creación de contenido todavía. Eso no era parte del presente del que estábamos construyendo.

Lo mismo con los carros. Hoy estamos construyendo robots para manejar nuestros carros existentes. Esa es nuestra "visión futura": tomar lo que tenemos (carros con volantes) y hacerlos mejores (dejar que las computadoras usen esos controles).

El futuro real no es nuestro presente mejorado. Es algo construido sobre una base completamente diferente a la que no tenemos acceso todavía. Por eso hasta nos causa gracia hoy cuando vemos los videos futuristas de la gente en los años 50s y 60s.

Lo que significa esto para la creación de recuerdos

Entonces cuando estés estresándote por crear los recuerdos correctos para tus hijos, o planeando el viaje de aniversario perfecto para tu pareja, o tratando de darle a tus padres ya mayores, unas últimas vacaciones geniales—reflexiona esto:

Estás imaginando lo que recordarán usando el contexto de hoy. Lo que piensas que importa ahora. Lo que crees que será significativo basado en tu entendimiento actual.

¿Pero cuando estén recordando este viaje dentro de diez años? Tendrán diferentes contextos. Diferentes prioridades. Diferentes necesidades de ese recuerdo.

No puedes predecir qué les importará porque no sabes quiénes serán cuando lo estén recordando.

Quizás la ruta escénica cuidadosamente planeada se convierte en su recuerdo favorito. Quizás es la gasolinera random donde les compraste un dulce que habían estado pidiendo todo el día. Quizás es solo la manera en que dijiste "¡qué habido!" cuando se subieron al carro. Quizás es algo que ni siquiera recuerdas que pasó.

Estás planeando con el mapa de hoy, tratando de predecir qué valorará su versión futura. Pero no tienes su mapa futuro todavía.

Y esto aplica a todo lo que planeas—no solo viajes en carretera. Cuando planeas una boda, una fiesta de cumpleaños, una celebración de aniversario—no estás creando el mismo evento perfecto para todos. Estás facilitando un evento que detonará emociones y ojalá recuerdos para todos los presentes (¡incluyéndote!).

Piensa en ti mismo como un "facilitador de emociones". Estás creando el ambiente donde la gente puede experimentar sus propios sentimientos, sus propios momentos, sus propios recuerdos potenciales. Si quieres cambiar las cosas, quizás deberías intentarlo desde dentro—cambiando el ambiente que controlas, no las memorias que ellos crean.

Tú pones el mood, escoges la comida, arreglas la iluminación, seleccionas la música, armas todo el ambiente. Esa es tu meta. Eso es lo que puedes controlar.

Todos van a asistir a una fiesta diferente. Lo que mueve a una persona aburrirá a otra. Lo que un invitado recuerda como el *highlight* de la noche, otro ni lo notará. Y eso debería esperarse.

Lo único que puedes hacer es manejar. Estar presente en el viaje. Crear el ambiente. Esto solo funciona si tú también lo sueltas. Confía en que encontrarán lo que necesitan de la experiencia.

Tu recuerdo, su recuerdo, el recuerdo de todos

Los recuerdos son personales, y existen para esa persona por una razón. Tienen un propósito, la manera en que están armados en la mente de esa persona, no necesariamente de manera factual. No son grabaciones objetivas de lo que pasó. Son reconstrucciones subjetivas construidas de fragmentos cada vez que alguien accede a ellos.

No puedes controlar lo que otras personas recuerdan de experiencias que comparten. No puedes forzarlos a recordar tu versión. No puedes crear sus recuerdos por ellos sin importar qué tan perfectamente planees la ruta.

Todos están a salvo juntos en ese carro. Todo lo que puedes hacer es manejar. Estar tan presente como tu cerebro permita (lo cual, recuerda, siempre está algo en el futuro de todos modos). Hacer el viaje. Confiar en que cada pasajero tomará lo que necesita de él.

¿Y cuando su recuerdo contradiga el tuyo? Déjalo. Su versión es real para ellos igual que tu versión es real para ti. Ninguna es más "correcta."

Deja de tratar de orquestar recuerdos perfectos. Deja de estresarte por si les estás dando a las personas las experiencias que valorarán después. Deja de verificar los recuerdos que ya tienes.

Solo maneja.

No te están calificando por si todos recuerdan el mismo viaje de la misma manera. No te están calificando por si los recuerdos que trataste de crear coinciden con los recuerdos que realmente se formaron.

No hay examen midiendo si creaste los recuerdos "correctos."

Solo está el viaje. Y lo que cada pasajero construya de él.

Ese es el recuerdo que terminarán formando. No el tuyo para controlar.

Capítulo 8

TU ODÓMETRO, TUS KILÓMETROS

A lo largo de este tramo de carretera, notarás algo interesante: hay múltiples rutas para llegar a la misma área general. Algunos conductores toman la autopista—directa, rápida, eficiente. Otros toman la ruta escénica—sinuosa, más lenta, más interesante. Algunos toman caminos secundarios por pueblos pequeños. Otros se quedan en carreteras de cuota para evitar el tráfico.

Todas funcionan.

No hay ruta objetivamente "correcta". Solo está la ruta que tiene sentido para tus prioridades, tu vehículo, tu línea de tiempo, tus preferencias.

Pero nos han enseñado a medir el "éxito" como si solo hubiera una ruta válida—la más rápida. La más directa. La que te lleva ahí antes de que todos los demás lleguen.

Excepto que... ¿dónde está el "éxito"? ¿Y por qué importa llegar primero si odiaste todo el camino?

El éxito personal es vencer la incertidumbre

¿Qué estás realmente tratando de lograr cuando persigues tu "éxito" personal? Estás tratando de vencer la incertidumbre.

Piénsalo. ¿Por qué quieres dinero? Para reducir la incertidumbre de si puedes pagar la renta, comprar comida, manejar emergencias. ¿Por qué quieres un trabajo estable? Para reducir la incertidumbre de dónde vendrá tu próximo cheque. ¿Por qué quieres buenas relaciones? Para reducir la incertidumbre de estar solo, sin amor, sin apoyo.

El éxito personal no se trata de tener más que otras personas. Se trata de tener suficiente para sentirte seguro en tu propia vida.

Todos quieren comodidad. Todos quieren reducir la ansiedad que viene de no saber si sus necesidades básicas serán cubiertas. Pero la cantidad de comodidad que necesitas para sentirte seguro es relativa a TU línea base, no a la de alguien más.

Alguien que creció con inseguridad alimentaria podría sentirse exitoso en el momento en que tiene una despensa llena y tres meses de renta ahorrados. Alguien que creció con riqueza podría no sentirse exitoso hasta que tenga una casa de vacaciones y el retiro completamente financiado.

Misma palabra—éxito—destinos completamente diferentes. Ninguno está equivocado. Solo están operando desde diferentes puntos de partida con diferentes umbrales de incertidumbre.

No estás tratando de ganarle a otros conductores. Estás tratando de vencer tu propia incertidumbre sobre si estarás bien.

La ruta escénica vs. la autopista

Digamos que estás manejando de la ciudad a la playa. Tienes opciones:

Ruta 1: Autopista de cuota.

Directa, rápida, aburrida. Te lleva en unas 4 horas. Nada que ver excepto campo y paradas de descanso. Eficiente, práctica, optimizada para velocidad.

Ruta 2: Por la sierra y la costa.

Sinuosa, más lenta, impresionante. Te lleva en 10+ horas (más si paras). Vistas de montaña, pueblos pequeños, oportunidades de fotos. Escénica, memorable, épica, optimizada para la experiencia.

¿Cuál ruta es la "exitosa"?

Si defines éxito como "llegar más rápido," la autopista es la opción. Si defines éxito como "disfrutar el viaje," la ruta escénica gana. Si defines éxito como "no marearte en caminos sinuosos," quizás evitas la sierra completamente.

No hay métrica universal que diga que una ruta es objetivamente mejor. Solo está lo que te importa a TI en ESTE viaje.

En cambio, miras a otros conductores tomando la autopista, los ves llegar antes que tú, y asumes que fallaste porque tomaste una ruta diferente. Mides tu viaje por su destino, su línea de tiempo, sus prioridades.

Eso es una locura.

Tu ruta fue diferente porque tus metas eran diferentes. No estabas tratando de llegar más rápido—estabas tratando de ver la sierra. No estabas tratando de minimizar el tiempo de manejo—estabas tratando de maximizar la experiencia.

Ambas rutas terminan en la playa. Ambos conductores "tuvieron éxito" en llegar. Pero si pasaste todo el camino escénico estresado por no estar en la autopista, acabas de arruinar tu propia ruta midiéndola contra la de alguien más.

Calidad sobre cantidad

Vas manejando, te da hambre. Alguien que va contigo está buscando en su celular restaurantes cercanos y encuentra dos opciones:

Restaurante A: 4.7 estrellas de 4,937 reseñas

Restaurante B: 5.0 estrellas de 54 reseñas

¿Cuál es mejor?

La mayoría de la gente diría Restaurante A. Tienen casi 5,000 personas que pensaron que valía la pena reseñar la experiencia. Han servido exponencialmente más clientes. Han llegado a más personas. Como cuando eliges un producto en amazon.

Pero Restaurante B tiene calificación perfecta. Cada persona que lo reseñó pensó que era impecable. Quizás es un lugar pequeñito que solo puede servir 20 personas por noche. Quizás el chef personalmente supervisa cada platillo. Quizás se enfocan en crear una experiencia perfecta a la vez en lugar de maximizar volumen.

¿Restaurante B es peor porque menos gente sabe de él? ¿O mejor porque todos los que lo experimentan piensan que es perfecto?

No hay respuesta objetiva. No hay respuesta "correcta". Depende enteramente de qué estés midiendo.

Si mides por alcance y escala—Restaurante A gana. Si mides por consistencia y calidad—Restaurante B gana. Si mides por ingresos—probablemente Restaurante A. Si mides por satisfacción del cliente—probablemente Restaurante B.

El punto es que la métrica que escoges te determina qué significa "mejor". Y cada métrica es relativa (y seamos honestos, arbitraria). No hay marcador cósmico que diga, "Restaurante A es objetivamente mejor." Solo hay diferentes maneras de llevar la cuenta, y tú decides cuál te importa.

¿Pero qué pasa? No escoges. Dejas que otras personas escojan por ti. Dejas que la cultura te diga que escala equivale a éxito, o dinero equivale a éxito, o fama equivale a éxito. Y luego pasas toda tu vida optimizando para una métrica que en realidad nunca quisiste.

La trampa de la competencia parental

Scrollea por redes sociales en fechas de fin de clases. Ve cuántos padres postean sobre cuadros de honor, premios, logros.

"¡Mi hija hizo el cuadro de honor otra vez!" "¡Muy orgulloso de mi hijo!" "¡Puras A!" "¡Ahí te vamos, clases avanzadas!"

Cada post suena como si fuera sobre el niño. Pero si ponemos atención, es sobre los padres. Los padres están compitiendo a través de los logros de su hijo. Los padres están usando las calificaciones, actividades, logros de su hijo como prueba de que son unos padres "exitosos."

Y no son solo calificaciones. Son los zapatos que llevan a la escuela. Compras zapatitos Lacoste porque sabes que son elegantes y señalan que puedes pagar calidad—pero quizás tu hijo solo quiere unos zapatos de Spider-Man de marca genérica. ¿Para quién son realmente esos zapatos Lacoste?

Lo que ese niño absorbe: "Mi valor está basado en lo que logro y cómo me veo. Mi valor se mide por cómo me desempeño y me presento comparado con otros niños."

Eso no es crianza. Eso es poner a tu hijo en una competencia a la que no se inscribió para que tú puedas reclamar el trofeo cuando gane.

La verdadera parte jodida es que las calificaciones del niño ni siquiera te hacen mejor o peor padre. Sus resultados de exámenes no tienen nada que ver con si estás criando un ser humano amable, resiliente, feliz.

¿Sabes qué te hace buen padre o madre? Estar presente. Escuchar. Mostrarles cómo manejar el fracaso. Enseñarles que su valor no está atado a su desempeño. Ayudarlos a encontrar su propia ruta en lugar de forzarlos a la tuya.

Pero no medimos la crianza así, ¿verdad? La medimos comparando niños. "Mi hijo lee a un nivel más alto que el tuyo" se convierte en código para "Soy mejor padre que tú."

Es la misma trampa de competencia, solo con apuestas más altas. Y el niño paga el precio.

No hagas su tarea

Para aquellos que compiten a través de los logros de sus hijos, aquí es donde se pone absurdo: hay padres haciendo la tarea por sus hijos.

No estoy hablando de ayudar. Estoy hablando de hacer. Escribir sus ensayos. Construir sus proyectos de ciencias. Resolver sus problemas de matemáticas.

¿Para qué? Para que el niño saque mejor calificación. Para que el maestro piense que el niño es más inteligente. Para que el niño entre a clases avanzadas. Para que el padre pueda postearlo en redes sociales.

¿Pero realmente quién aprendió algo? El niño no. El niño aprendió que alguien más hará el trabajo si lo que está en juego es muy relevante. El niño aprendió que el desempeño importa más que el aprendizaje. El niño aprendió que no es suficientemente capaz de hacerlo solo.

Terminas saboteando la educación de tu propio hijo para ganar una competencia que no existe.

No hay examen calificando si tu hijo es más inteligente que el hijo de alguien más. Solo está la educación real de tu hijo, que acabas de socavar enseñándoles a fingir competencia en lugar de construir capacidad real.

Si tu hijo batalla con la tarea y reprueba la asignación, aprenderá algo valioso: esta materia es difícil para mí y necesito pedir ayuda.

Necesito esforzarme más, y necesito descubrir dónde estoy confundido.

Si tú haces la tarea por ellos y sacan 10, no aprenden nada excepto que el desempeño es más importante que el crecimiento.

¿Qué resultado realmente les sirve mejor en la vida?

Tu destino no es universal

(No, no estoy hablando del parque. Universal Studios de hecho es uno de nuestros destinos favoritos.)

Podemos resumir todo esto en que no hay un destino universal hacia el que todos deberían manejar.

Algunas personas quieren la oficina de la esquina. Algunas personas quieren trabajar desde casa en pijamas. Algunas personas quieren construir un negocio. Algunas personas quieren estabilidad y predictibilidad. Algunas personas quieren aventura y riesgo. Tu ruta es tu propia aventura.

Ninguno de esos destinos es objetivamente "más exitoso" que los otros. Solo son diferentes rutas con diferentes puntos finales que atraen a diferentes conductores.

Pero nos han enseñado a medir el éxito como si todos debieran manejar al mismo lugar. Como si hubiera un destino correcto—usualmente definido por dinero, estatus, o visibilidad—y todos los que terminan en otro lugar fallaron en llegar ahí.

Así no funcionan las rutas.

Estás manejando TU ruta hacia TU destino basado en TUS prioridades. Alguien más tomando una carretera completamente diferente no es evidencia de que estás perdido. Solo van a otro lugar.

El tipo que se retiró temprano para viajar el mundo no es más exitoso que la mujer que construyó una empresa y trabaja 60 horas a la semana. Una mamá que se queda en casa es igual de exitosa que una mujer que fundó una empresa. La persona que gana $50k haciendo trabajo que ama no es menos exitosa que la persona que gana $200k haciendo trabajo que apenas tolera.

Solo están en diferentes rutas con diferentes destinos y diferentes ideas de qué importa.

El éxito no tiene métrica universal porque no hay destino universal.

La presión de desempeñar

Esto es difícil de internalizar porque a donde sea que mires, alguien está tratando de venderte su definición de éxito.

La universidad te dice que el éxito significa un título en una escuela prestigiosa. La empresa te dice que el éxito significa subir la escalera corporativa. Las redes sociales te dicen que el éxito significa seguidores, *likes*, *engagement*. Tus compañeros te dicen que el éxito significa mantener su estilo de vida.

En cada dirección que voltees, alguien está sosteniendo un marcador y diciéndote que ESTA métrica es la que importa. ESTE destino es hacia donde deberías ir. ESTA ruta es la correcta.

Y si no estás optimizando para su métrica, te estás quedando atrás.

Excepto que no te estás quedando atrás. Solo no estás en su carrera.

Estás en una carretera diferente, dirigiéndote hacia un destino diferente, midiendo progreso por diferentes puntos de referencia. Y eso es exactamente lo que deberías hacer—mientras TÚ hayas elegido la ruta en lugar de dejar que todos los demás la eligieran por ti.

¿Qué quieres TÚ?

La verdadera pregunta es: ¿Qué quieres realmente?

No lo que tus papás quieren para ti. No lo que la sociedad dice que deberías querer. No lo que se ve impresionante en redes sociales. No lo que tus compañeros están persiguiendo.

TÚ. ¿Qué es lo que quieres?

Si el dinero no fuera una medida de éxito, ¿qué sería? Si nadie estuviera viendo o juzgando, ¿qué ruta tomarías? Si no pudieras comparar tu viaje con el de nadie más, ¿qué destino te importaría?

Esas preguntas son difíciles de responder porque te han entrenado a medir el éxito externamente. Miras lo que otras personas tienen, lo que otras personas han logrado, lo que otras personas están haciendo—y usas eso como la definición de éxito.

Pero su ruta no es tu ruta. Su destino no es tu destino. Sus métricas no son tus métricas.

Necesitas descubrir qué significa el éxito para TI. No para tus papás, no para tu cultura, no para Instagram. Para ti.

Y luego necesitas manejar hacia ese destino sin estar revisando constantemente tu espejo retrovisor para ver si vas a la par con los carros a tu alrededor.

Lo que significa que probablemente necesitarás desaprender lo que te han dicho.

El odómetro, no el marcador

Recuerda: tu odómetro mide TUS kilómetros viajados en TU ruta. No te compara con otros conductores. No te *rankea* contra todos los demás. Solo muestra qué tan lejos has llegado desde donde empezaste.

Por eso 10,000 kilómetros hacia un destino que realmente elegiste es más satisfactorio que 50,000 kilómetros hacia un destino que todos los demás eligieron por ti.

No puedes fallar en la definición de éxito de alguien más. Solo puedes fallar en perseguir la tuya.

Así que deja de medir tu viaje por su marcador. Deja de comparar tu ruta escénica con su autopista. Deja de pensar que vas atrás solo porque llegaron a algún lugar antes que tú.

Ellos llegaron a su destino. Tú sigues dirigiéndote hacia el tuyo. Y así es exactamente como debería ser.

No hay examen calificando si elegiste la ruta "correcta" o el destino "correcto."

Solo está tu viaje, tus decisiones, y si realmente estás manejando hacia algo que te importa.

Parte Cuatro

ÁREA DE DESCANSO

Haciéndonos a un lado del camino para desaprender viejos hábitos de manejo.

Capítulo 9

DEJA DE VER OTROS CARRILES

Muy temprano en el viaje, alguien te dijo: "Necesitas ser más rápido, mejor, el primero." Y le creíste porque todos los demás también lo hacían.

Ahora estás en un área de descanso. La Parte Cuatro de este viaje. Las paradas para desaprender.

Aquí es donde puedes orillarte, abrir la cajuela, y preguntar: "¿Qué es lo que he estado cargando? ¿Todavía necesito todo esto?"

Empecemos con algo que has cargado por kilómetros: la creencia de que necesitas competir.

La competencia se enseña en todas partes

Piénsalo. Todo en la vida te ha entrenado para competir.

La escuela te calificó contra tus compañeros. Los deportes *rankean* a tu equipo contra otros. El trabajo midió tu desempeño en una curva. Incluso el entretenimiento—las cosas que haces para relajarte—se convirtieron en competencias.

Los videojuegos muestran tablas de posiciones. Las redes sociales cuentan likes. Las apps de fitness comparan tus pasos con los de todos los demás.

Ni siquiera puedes jugar *Candy Crush* sin ver que Susan está en el nivel 389 mientras tú estás en el 307. Ahora no estás disfrutando los jueguitos. Estás tratando de alcanzar algo.

¿Alcanzar qué? ¿Para qué?

Si le ganas a Susan para llegar al nivel 401, ¿qué ganas? Nada. Ni dinero, ni estatus, ni siquiera el respeto de Susan porque probablemente no está pensando en ti para nada. Ganas el conocimiento de que vas adelante en un marcador que solo existe en tu cabeza.

Ese patrón no empezó con los videojuegos. Lo aprendiste en tu ciudad natal, probablemente antes de que pudieras manejar. Aprendiste que ser primero importa. Ganar lo es todo. Quedarse atrás significa que estás perdiendo.

Y has cargado esa creencia desde entonces—cientos de kilómetros por la carretera, a través de docenas de pueblos, hacia territorio completamente desconocido.

Quizás es hora de orillarte y preguntar: ¿todavía la necesitas?

Bienvenido al área de descanso

Ya has estado manejando por un rato. Has dejado tu ciudad natal. Te has incorporado a la carretera. Has visto cómo todo es relativo, cómo los recuerdos pertenecen a otros, cómo el éxito no tiene métrica universal.

Has aprendido mucho sobre lo que te ha estado pesando.

Ahora viene la parte donde puedes soltar algo de eso.

No porque estuvieras mal en cargarlo. No porque deberías haberlo sabido desde antes. Sino porque tienes permitido viajar más ligero. Tienes permitido ver lo que empacaste en tu ciudad natal y decir, "Ya no necesito esto."

La competencia es una de esas cosas.

Te dijeron que la competencia era necesaria. Que es la forma en cómo sobrevives, cómo tienes éxito, cómo pruebas que importas. Todos en tu ciudad natal lo creían. Tus papás lo creían. Tus maestros lo creían. Tus amigos lo creían. Así que tú también lo creíste.

Y tenía sentido allá. En ese contexto. En ese pueblo donde todos se medían contra todos los demás, donde cada logro era un ranking, donde cada éxito era relativo al fracaso de alguien más.

Pero ya no estás en ese pueblo.

Mira en tu espejo retrovisor. Ese pueblo está kilómetros detrás de ti. Y aún así sigues manejando como si estuvieras navegando esas viejas calles, todavía compitiendo como si estuvieras de vuelta en esa vieja carrera, todavía cargando esa pesada creencia de que necesitas ganarle a todos a tu alrededor para importar.

No es así.

Puedes soltar eso ahora.

La maleta que has estado cargando

Piensa en la competencia como una maleta que alguien te dio cuando te fuiste de casa. "Vas a necesitar esto para el viaje," dijeron. Y les creíste porque todos los demás también tenían una.

Pero estás en una parada de descanso ahora. Puedes abrir esa maleta. Mira qué hay realmente adentro.

Quizás encuentras: la creencia de que ser primero significa que vales. La ansiedad de quedarte atrás. El agotamiento de competir con todos a tu alrededor. El hábito de medir tu alegría contra la decepción de alguien más. El miedo de que si no estás compitiendo, te estás rindiendo.

Nada de eso está mejorando tu manejo. Nada de eso te está ayudando a disfrutar la ruta. Nada de eso es necesario para a donde vas.

¿Entonces por qué seguir cargándolo?

No porque estés mal por tenerlo. No porque deberías haberlo soltado antes. Sino que puedes elegir qué viene contigo al próximo pueblo. ¿Y la competencia? Esa se puede quedar en la parada de descanso.

¿Pero qué hay de la ambición?

Sé lo que estás pensando: "Si dejo de competir, ¿no perderé mi motivación? ¿No me quedaré atrás? ¿No dejaré de preocuparme por mejorar?"

Para nada.

Desaprender la competencia no significa que dejas de intentar. No significa que dejas de crecer. No significa que dejas de tener metas.

Significa que dejas de medir tu crecimiento por cuántas personas has rebasado. Significa que dejas de definir el éxito por si vas adelante o atrás. Significa que dejas de permitir que los viajes de otras personas determinen el valor del tuyo.

Todavía querrás mejorar. Pero estarás mejorando porque quieres ver qué tan lejos puedes llegar tú, no porque necesitas probar que eres mejor que alguien más.

Todavía pondrás metas. Pero serán tus metas, basadas en tu destino, no en la idea de alguien más de dónde deberías estar a estas alturas.

Todavía trabajarás duro. Pero trabajarás hacia algo que realmente te importa, no hacia mantenerte adelante en una carrera a la que nunca te inscribiste.

La diferencia: disfrutarás el camino.

Cómo se ve el desaprender

No es algo dramático. No es un solo momento donde todo hace clic y de repente eres libre.

Es orillarte en paradas de descanso como esta y preguntar: "¿Qué sigo cargando de mi ciudad natal? ¿Lo necesito para a donde voy?"

Es notar cuando estás compitiendo y elegir manejar en su lugar.

Es cacharte comparando y redirigir: "Esa es su ruta, no la mía."

Es ver a tu hijo batallar—con la tarea, con amistades, con contratiempos—y dejarlos navegarlo. No porque no te importe, sino porque te importa lo suficiente para dejarlos construir sus propias capacidades.

Déjalos tener su propio viaje. Déjalos tener éxito en sus propios términos. Déjalos fallar y descubrir que pueden recuperarse. Esa es la vida. Así es como funciona el viaje.

Sus calificaciones no te hacen mejor padre o madre. Sus logros no validan tus decisiones. Su desempeño no determina tu valor.

Eres su tutor, no su marcador. ¿Y la parte hermosa? Cuando dejas de competir a través de ellos, ellos pueden dejar de competir por ti. Pueden ser solo niños descubriendo su propia ruta.

Eso no es rendirte con ellos. Eso es darles espacio para manejar ellos mismos.

El camino en el que estás ahora

La carretera en la que estás ahora no funciona como tu ciudad natal. Las reglas son diferentes aquí. Las prioridades son diferentes aquí. Lo que importaba allá no necesita importar aquí.

Allá, todos competían. Todos comparaban. Todos medían su valor por su ranking. Eso es simplemente lo que hacías.

Pero estás en territorio nuevo ahora. Has pasado por diferentes pueblos. Has visto diferentes maneras de manejar. Has aprendido que no todos definen el éxito de la misma manera, que no todos van al mismo destino, que no todos están compitiendo.

Algunas personas solo están manejando. Disfrutando la ruta. Parando cuando quieren parar. Yendo a su propio paso.

Y parecen... más ligeros. Menos estresados. Más presentes.

Quizás es porque desempacaron la competencia en algún punto del camino. Quizás pararon en un área de descanso como esta y dijeron, "Ya no necesito cargar esto."

Tú también puedes hacer eso.

No te estás rindiendo

La parte más difícil de desaprender la competencia es que se siente como rendirse.

Si dejas de competir con todos a tu alrededor, ¿te estás rindiendo? Si dejas de comparar tu ruta con la de todos los demás, ¿te estás conformando? Si dejas de medir tu valor por tu ranking, ¿estás perdiendo ambición?

Por supuesto que no.

Solo estás eligiendo definir el progreso diferente. Estás eligiendo medir el crecimiento por tus propios estándares en lugar del marcador de alguien más. Estás eligiendo disfrutar los pueblos por los que pasas en lugar de pasarlos de prisa para ir adelante.

Eso no es rendirse. Eso es despertar.

Has pasado kilómetros—quizás años—compitiendo contra gente que ni siquiera va a tu destino. Comparándote con conductores en rutas completamente diferentes. Estresándote por ir adelante o atrás en una competencia que solo existe en tu cabeza.

¿Qué tal si simplemente... pararas?

¿Qué tal si manejaras a un paso que se sintiera bien para ti? ¿Qué tal si disfrutaras el paisaje en lugar de ver fijamente los carros a tu alrededor? ¿Qué tal si midieras tu día por si avanzaste, no por si rebasaste a alguien?

Todavía llegarías a donde vas. Solo disfrutarías mucho más el camino.

El próximo pueblo no requiere competencia

Mira adelante. ¿Ves ese próximo pueblo en el horizonte?

No necesitas competencia para llegar ahí. Nunca la necesitaste.

La competencia fue algo que tu ciudad natal te enseñó. No es una ley de la carretera. No es requerida en el viaje. Es solo un hábito que agarraste allá y seguiste haciendo porque todos los demás también lo hacían.

Pero la carretera es larga. La ruta es tuya. Y tú decides qué cargas contigo.

Algunas cosas de tu ciudad natal valen la pena conservar. Algunas lecciones, algunos valores, algunos hábitos—te sirven bien, hacen el camino mejor, y te ayudan a navegar. El pasado es una lección, no una guía.

¿Pero la competencia? Eso es peso muerto. Eso es lo que te pone ansioso cuando deberías estar disfrutando la vista. Eso es lo que convierte cada tramo de carretera en una carrera que no puedes ganar.

Puedes dejarla aquí.

No con vergüenza. No con arrepentimiento. Solo con el simple reconocimiento: "No necesito esto hacia donde voy."

Manejando hacia adelante

Cuando dejes esta parada de descanso, todavía verás otros carros. Todavía notarás algunos yendo más rápido, algunos yendo más lento. Eso no cambiará.

Lo que cambia es qué haces con esa observación.

En lugar de acelerar para rebasarlos, quizás solo pienses: "Ellos van a algún lugar. Yo voy a otro lugar. Ambos estamos viajando."

En lugar de sentirte atrás, quizás solo pienses: "Estoy exactamente donde necesito estar en mi ruta."

En lugar de comparar tu viaje con el de ellos, quizás solo pienses: "Me pregunto a dónde van."

Así se ve desaprender la competencia. Sin drama. Sin perfección. Solo gradualmente soltando la creencia de que necesitas ganarle a todos a tu alrededor para importar.

Importas porque estás en tu viaje. Porque estás manejando tu ruta. Porque estás aquí, avanzando, tomando decisiones, navegando tu vida.

No porque vayas adelante de alguien. No porque estés ganando. Solo porque eres tú, y tu viaje es tuyo.

No hay examen calificando si mantuviste el paso con el tráfico.

Solo está tu ruta, tus decisiones, y la libertad de manejar sin competir con todos a tu alrededor.

Bienvenido de nuevo a esta área de descanso. Quédate el tiempo que necesites. Y cuando estés listo, sigue manejando—más ligero que antes.

Capítulo 10

LA CARRETERA LE PERTENECE A TODOS

Observa cuántos tipos distintos de vehículos comparten esta carretera.

Sedanes y camionetas. Híbridos y carros eléctricos. Carros que funcionan con gasolina, carros que funcionan con diésel. Motos zigzagueando entre carriles. Tráileres llevando mercancía. Casas rodantes moviéndose a su propio paso. Transmisiones manuales, transmisiones automáticas, algunos vehículos que ni siquiera puedes categorizar.

Diferentes motores. Diferentes tamaños. Diferentes capacidades. Diferentes propósitos.

Y todos comparten la misma carretera.

El camino no te pregunta qué tipo de motor tienes para dejarte entrar. No requiere un tipo específico de transmisión. No mide tu eficiencia de combustible ni juzga tu elección de vehículo. La carretera acomoda a todos porque la carretera entiende algo fundamental: todos estamos tratando de llegar a algún lugar.

Diferentes vehículos. Mismo viaje. Mismo derecho a viajar de forma segura.

La maleta que no empacaste tú mismo

En tu última parada de descanso, desempacaste la competencia. Miraste esa pesada creencia y dijiste, "Ya no necesito esto."

Pero hay otra maleta en tu cajuela. Una que ni siquiera empacaste tú. Una que fue cargada antes de que empezaras a manejar, allá en tu ciudad natal, antes de que tuvieras edad para cuestionar si la querías.

Está etiquetada con la palabra "división."

Adentro encontrarás: la creencia de que algunos vehículos pertenecen a la carretera más que otros. El hábito de categorizar conductores en "nosotros" y "ellos." La suposición de que diferente significa separado. La idea de que la diversidad es algo que hay que tolerar en lugar de algo que simplemente... existe.

Nada de eso fue tu idea. Lo heredaste. Tu ciudad natal lo enseñó. La cultura circundante lo reforzó. Lo has cargado tanto tiempo que quizás ni notas que está ahí.

Pero estás en otra parada de descanso ahora. Puedes abrir esa maleta también.

La realidad de una sola raza

Observa lo que la evidencia realmente muestra sobre los individuos: somos una sola raza. Somos la raza humana.

No metafóricamente. No filosóficamente. Literalmente.

Todos somos la misma especie. Diferentes expresiones del mismo plano. Diferentes pinturas en el mismo vehículo fundamental.

Neil deGrasse una vez hizo una versión de esta pregunta cósmica: cuando imaginamos extraterrestres, ¿por qué siempre los visualizamos con dos brazos, dos piernas, una cabeza arriba—básicamente humanoides? Mira la Tierra. Tenemos peces, moluscos, insectos, arañas, plantas, hongos, mamíferos de toda forma imaginable. Millones de formas de vida que no poseen la forma humana para nada.

¿Entonces por qué los extraterrestres se verían como nosotros?

Los imaginamos así porque somos el punto de referencia. Estamos tan enfocados en nuestra propia forma que asumimos que la inteligencia, la consciencia, la vida avanzada debe verse como nosotros.

Pero lo que eso revela es que sí sabemos que la diversidad es la norma. La vemos en todas partes de la Tierra. ¿Y sin embargo cuando se trata de humanos? Actuamos sorprendidos de que todos nos vemos básicamente igual. Creamos divisiones basadas en variaciones menores —tono de piel, forma de ojos, textura de cabello—cuando la realidad es que somos notablemente muy similares. Solo diferentes tonos del mismo diseño básico.

Diferentes tonos de piel no son diferentes razas. Son solo diferentes colores del mismo vehículo. Como carros saliendo de la misma línea de ensamblaje en diferentes opciones de pintura. Azul, rojo, blanco, negro—mismo carro, diferente acabado.

Ya sabemos esto. De hecho, ya lo aceptamos con otras especies.

Por ejemplo, los perros. Miles de millones de perros. Millones dentro de cada raza. Vienen en cada combinación de color imaginable —negro, café, blanco, manchado, rayado. ¿A los perros les importa de qué color es el pelaje de otro perro? ¿Se juzgan entre ellos basándose en el color del pelaje? ¿Se dividen en "nosotros" y "ellos" basándose en si son dorados o café oscuro?

No, solo son perros. Diferentes colores de la misma especie. Y seguramente lo saben.

Somos el mismo caso. Diferentes colores de la misma especie. Solo olvidamos actuar como que lo sabemos.

La paradoja del cruce de frontera

Allá en mi ciudad natal, vivía a dos horas de la frontera. Manejaba regularmente hacia el norte rumbo a Texas.

Yo era la misma persona. Mismo carro. Mismo viaje. Pero de repente tenía una nueva etiqueta al cruzar la frontera.

En Monterrey, era solo una persona. En Texas, era un PoC—una persona de color por sus siglas en inglés, un término usado en Estados Unidos para categorizar a cualquiera que no sea blanco. Soy parte de una minoría. Latino. Hispano. Etiquetas que para mí no existían dos horas al sur.

Nada de mí cambió. Sigo siendo yo, en el mismo carro, en la misma carretera. Pero las etiquetas seguían cambiando basándose en dónde estaba y quién estaba etiquetando.

Pero las divisiones no son reales. Son solo líneas que dibujamos en mapas y luego pretendimos que definían quiénes son las personas.

No crucé una frontera y me convertí en una especie diferente. No me transformé de repente en un tipo diferente de humano. Era la misma persona que era hace dos horas, manejando la misma ruta, con el mismo destino.

La división fue inventada. Y si fue inventada, puede ser des-inventada.

La verdad detrás del Doppelgänger

Somos una especie. Diferentes expresiones del mismo plano, sí. Pero aquí lo interesante es que con una cantidad finita de rasgos, más los 120 mil millones de humanos que han existido, los parecidos no solo son posibles—son algo hasta esperado.

Piénsalo. Espaciado de ojos, forma de nariz, estructura de pómulos, línea de mandíbula, textura de cabello—hay muchísimas combinaciones posibles, pero sigue siendo un número finito. Cuando tienes 120 mil millones de versiones de la especie pasando por esas combinaciones, las probabilidades de que ciertos conjuntos de rasgos se repitan son altas.

Solemos señalarlos porque se ven tan peculiar—como si una persona de hace 200 años simplemente se reencarnara—pero matemáticamente, es casi inevitable.

A lo mejor has visto esas fotos: celebridades que se ven idénticas a figuras históricas de décadas o siglos atrás. Enzo Ferrari y Mesut Özil, separados por décadas, prácticamente gemelos. Actores que se ven exactamente como personas de fotografías viejas. Extraños en internet que podrían ser hermanos pero nunca se han conocido.

Actuamos sorprendidos ante esto. "¡Wow, se ven tan similares!"

¿Pero por qué nos sorprendemos? Todos estamos desarrollados con los mismos rasgos básicos, solo mezclados en diferentes proporciones.

Los perros se ven idénticos sin ser parientes. Lo mismo con los gatos. Igual que cualquier especie con una población grande. Combinaciones limitadas con rasgos finitos significa que vas a tener repeticiones.

No somos tan diferentes el uno del otro. Nunca lo fuimos. Todos somos variaciones del mismo tema, construidos del mismo plano, manejando los mismos tipos de vehículos en la misma carretera.

¿Las divisiones que vemos? Nos enseñaron a verlas. No están incorporadas en la realidad. Están incorporadas en la manera en que aprendimos a mirar la realidad.

Diferentes condiciones, misma especie

Algunas personas son extrovertidas. Algunas son introvertidas. Algunas son heterosexuales. Algunas son LGBT. Algunas son zurdas. Algunas son autistas. Algunas son altas. Algunas son bajas. Algunas son ruidosas. Algunas son calladas.

Diferentes condiciones. Diferentes preferencias. Diferentes maneras de ser.

Misma especie. Misma carretera. Mismo derecho a manejar su propia ruta.

Apoyar a las personas a vivir sus vidas con alegría y autenticidad no debería ser político ni controversial: es simplemente humano. Estamos aquí para dar a otros el mismo espacio que queremos para nosotros mismos.

Si alguien a mil kilómetros de distancia cree en una religión diferente a la tuya y eso los hace felices, ¿cómo impacta tu vida? ¿Por qué querrías forzarlos a creer en la misma religión que tú? Si alguien expresa su género diferente a como tú expresas el tuyo, ¿cómo cambia eso tu ruta? Si el cerebro de alguien funciona diferente al tuyo, procesa el mundo diferente, encuentra alegría en cosas diferentes—¿cómo afecta eso a dónde vas?

No lo hace.

Ellos manejan su vehículo. Tú manejas el tuyo. Ambos están en la misma carretera, yendo a diferentes destinos, viviendo diferentes vidas que en realidad no se intersectan excepto por el camino compartido debajo de ustedes.

Y si te preocupa que tu hijo pueda aprender algo de otro carro—

algo que no quieres que aprendan—empieza dentro de tu propio carro. Sé tú el ejemplo. Sé el conductor que están viendo. Tu hijo está en tu vehículo, viendo cómo manejas, cómo tratas a otros conductores, cómo respondes a las diferencias en la carretera.

Están aprendiendo de tu manejo, no de los carros que pasan.

La división—la creencia de que su ruta diferente de alguna manera amenaza o disminuye la tuya—eso es algo que tu ciudad natal te enseñó. Eso es algo que has estado cargando en tu cajuela, ocupando espacio, agregando peso, haciendo tu camino más pesado de lo necesario.

Puedes desempacar eso ahora.

La carretera no discrimina

La carretera acomoda a todos los vehículos porque la carretera no está centrada en tus diferencias. Es solo un camino. Sostiene el peso de sedanes y tráileres de la misma manera. Deja que las motos vayan rápido y las casas rodantes vayan lento sin juzgar a ninguno.

La carretera funciona porque está diseñada para la diversidad, no la uniformidad.

Imagina si la carretera solo acomodara un tipo de vehículo. Solo se permiten sedanes. ¿Si manejas una camioneta? Ni modo, encuentra otra ruta. ¿Motocicleta? No eres bienvenido aquí. ¿Carro eléctrico? Solo aceptamos motores de gasolina.

Eso sería absurdo. La carretera estaría vacía. La mitad de los vehículos estarían en caminos laterales, sin poder llegar a donde necesitan ir, porque el camino decidió que sus diferencias los descalificaban.

Eso es lo que hace la división. Toma una carretera diseñada para acomodar a todos y la convierte en una ruta restringida donde solo ciertos vehículos están "permitidos." No porque esos vehículos sean inherentemente mejores. Solo porque alguien decidió trazar líneas arbitrarias sobre quién pertenece y quién no.

A la carretera no le importa qué manejas. Solo le importa que estés viajando de forma segura, compartiendo el camino, no tratando de sacar a otros vehículos solo porque se ven diferentes del tuyo.

Quizás el carro que estás juzgando ahora mismo porque se ve diferente es el que se detendría a ayudarte kilómetros adelante cuando se te ponche una llanta. Quizás estás en el tráfico ahora mismo, rodeado de vehículos, pero ese carro sería el único cerca de ti en un tramo de carretera a kilómetros, lejos de la ciudad. Ahora ese carro te verá a ti, y serás tú el que esté pidiendo ayuda.

Así que, si tu carro se descompone y necesita una "transfusión" de combustible, no vas a rechazar ayuda porque el chasis del otro conductor no coincida con el tuyo o porque traigan música de Lady Gaga en el radio. Solo necesitas lo que te mantiene vivo en la carretera.

La perspectiva de la proximidad

Simon Sinek, uno de mis autores favoritos, famoso por el libro *Start With Why*, y un defensor de la mentalidad del *Juego Infinito*—sobre la cual este libro florece y está influenciado—cuenta una historia sobre cómo la proximidad afecta nuestra conexión. Déjame lo planteo:

Piensa en tu vecino. El que vive al otro lado de la calle.

Si lo ves en tu calle, quizás lo saludas. Quizás no. Depende del día. Es solo otra persona en tu colonia.

Si ves al mismo vecino en otra ciudad—un encuentro completamente inesperado—te paras. "¡Hey! ¿Qué haces acá?" Platican un par de minutos. Intercambian cortesías. Luego, ambos siguen su camino.

Si lo ves en otro país, ¡no mames! ¿En un lugar donde hablan un idioma diferente? ¿Donde todo se siente extraño? VAS y te acercas. Van a platicar un buen rato. Hacen planes. Encontraste una cara familiar, alguien que habla tu idioma. (¿Familiar? a chinga, ¿ahora es familia?)

Ahora imagina que eres astronauta. Te mandan a la Estación Espacial Internacional. Y cuando llegas, ves a tu vecino ahí... ¡NO MAMES!

De repente se convierte en la persona más importante en tu vida.

¿El mismo tipo al que ni saludarías cruzando la calle? Allá arriba, a millones de kilómetros de la Tierra, es la persona más importante de tu vida. Ambos están flotando en el espacio juntos. El contexto lo hace tu hermano.

Ahora lleva el ejemplo más lejos: imagina a la persona que odias. El que le va al equipo contrario. El que tiene puntos de vista políticos completamente opuestos. El que evitas en reuniones familiares.

Si a los dos los asignan a una misión en la Estación Espacial Internacional, ¿no dejarían sus diferencias a un lado?

Allá arriba, no son oponentes. Son la especie más similar que hay. No la más diferente—la más similar. Porque todos los demás están a millones de kilómetros de distancia en la Tierra.

Entre más lejos estés, más importa la similitud. Entre más cerca estés de casa, más fácil es enfocarte en las diferencias.

Cuando estás en tu colonia, rodeado de familiaridad, las divisiones se sienten importantes. Pero ponte lejos—en otro país, en una estación espacial, a millones de kilómetros de la Tierra—y de repente esas divisiones desaparecen. Solo ves personas. Compañeros. Humanos. Conductores en la misma carretera.

Cuándo las etiquetas importan

En los 1800s, ser zurdo era visto como brujería. Hechicería. Algo anda mal contigo. Algunos padres ataban la mano izquierda de los niños detrás de su espalda para forzarlos a usar su mano derecha. Las escuelas castigaban a los niños por escribir con la mano "equivocada."

¿Hoy? A nadie le importa si eres zurdo o diestro.

La etiqueta solo importa en contextos específicos. Si eres coach de futbol americano tratando de proteger el lado ciego de tu *Quarterback*, saber si alguien es zurdo o diestro importa. Esa etiqueta en ese contexto tiene sentido.

¿Pero para efectos cotidianos? Es irrelevante. No ves celebridades anunciando, "Oigan todos, reuní a la prensa el día de hoy para este anuncio especial, quiero que sepan—¡soy zurdo!" No dedicamos una cobertura de noticias para alguien "saliendo del clóset" como zurdo.

Ese mismo principio aplica a todo lo que tratamos como divisiones: orientación sexual, identidad de género, religión, neurodivergencia, trasfondo cultural. Las etiquetas podrían importar en contextos específicos—contextos médicos, contextos sociales, contextos legales—donde necesitan ser reconocidas y protegidas.

¿Pero para interacción cotidiana? ¿Para sabe si alguien merece respeto, dignidad, espacio para manejar su propia ruta? Las etiquetas son tan irrelevantes como ser zurdo.

Los tres pasos

Siempre he creído que el camino hacia la verdadera inclusión, sigue estos pasos:

1. Consciencia: Reconocer que las diferencias existen y son comunes. Esto funcionó desde los 1800s para los zurdos. Entender que la neurodivergencia existe. Que las personas tienen diferentes orientaciones. Que 8 mil millones de personas significan 8 mil millones de diferentes expresiones de el ser humano.

2. Aceptación: Entender por qué alguien podría ser diferente—por qué tienen diferentes gustos, por qué necesitan silencio, por qué reaccionan fuertemente al cambio, por qué se expresan diferente—y adaptarse para ser más inclusivo. No solo tolerar, sino realmente hacer espacio.

3. Indiferencia (del tipo positivo): Llegar a un punto donde estas diferencias son solo otra variación natural del ser humano. Como ser zurdo lo es hoy. No algo que necesites comentar, celebrar, o criticar. Solo... parte de cómo son los humanos.

No podemos forzar el paso 2. No podemos hacer que la gente acepte lo que no está lista para aceptar. Pero absolutamente podemos defender el paso 1—crear consciencia. Podemos señalar que todos estamos en la misma carretera, manejando diferentes vehículos, y así es como funcionan las carreteras.

¿Y si suficientes personas alcanzan la consciencia? La aceptación es lo que sigue. Y la indiferencia—el momento donde a nadie le importa a quién amas o cómo piensas o qué te hace diferente porque todos somos solo personas tratando de llegar a algún lugar—eso se convierte en la consecuencia natural. El círculo completo. De "diferente" de regreso a "solo personas."

Las 8 mil millones de realidades

Si eres defensor de las etiquetas, si necesitas poner una etiqueta en cada persona diferente para categorizarla apropiadamente, vas a terminar con 8 mil millones de etiquetas.

Porque cada persona es una persona diferente.

Ni siquiera los gemelos idénticos son la misma persona. Son prueba viviente de que puedes verte exactamente igual y aún así ser dos personas completamente diferentes por dentro. Frecuentemente son opuestos en términos de comportamiento, preferencias, personalidades.

Todos somos diferentes. ¿Entonces por qué siempre queremos que todos seamos iguales?

¿Por qué queremos que todos piensen igual? ¿Que tengan las mismas creencias políticas que nosotros? ¿Las mismas creencias religiosas? ¿Que les gusten las mismas cosas, vean las mismas películas, vayan al mismo templo a rezar—o que sean igual de agnósticos como nosotros?

¿Por qué esperamos que todos tengan las mismas capacidades, la misma mentalidad, el mismo enfoque a la vida?

Somos más de 8 mil millones de diferentes expresiones (vivas) de la misma especie. Diferentes vehículos en la misma carretera. Y sin embargo gastamos tanta energía tratando de forzar a todos hacia la misma categoría, el mismo carril, la misma ruta.

Así no funcionan las carreteras. Así no funcionan las especies.

Tienes permitido soltar esto

La división podría sentirse como algo que necesitas proteger. Algo que te mantiene seguro. Algo que te ayuda a manejar.

Pero lo que realmente hace es que te hace sospechar de otros conductores. Te hace ver amenazas donde no las hay. Te hace desperdiciar energía categorizando personas en lugar de solo manejar tu ruta. Convierte cada interacción en una evaluación: ¿son como yo o no son como yo? ¿Puedo confiar en ellos, o debería estar preocupado?

Eso es agotador. Eso genera ansiedad. Eso no está mejorando tu camino.

No tienes que llevarte bien con todos. No tienes que estar cerca de gente que piensa completamente diferente a ti. Ellos manejan su ruta. Tú manejas la tuya. La carretera los acomoda a ambos sin requerir que manejen juntos.

Hay una razón por la que hay varios carriles.

Tienes permitido soltar eso. Tienes permitido ver otros vehículos como solo... otros vehículos. Diferentes del tuyo, claro. Pero compartiendo el mismo camino, tratando de llegar a algún destino, lidiando con el mismo tráfico, clima, y zonas de construcción con las que tú estás lidiando.

No son amenazas. No son competencia. Solo otros viajeros en la misma carretera.

La división no la tienes que seguir cargando. Te la dieron en tu ciudad natal. La has arrastrado por kilómetros. Pero estás en una parada de descanso ahora. Puedes dejarla aquí.

No porque estuvieras mal en tenerla. No porque deberías haberlo sabido antes. Sino porque tienes permitido viajar más ligero. Porque el próximo pueblo hacia el que vas, no requiere que dividas a las personas en categorías antes de que te permitan entrar.

Simplemente puedes manejar. Y dejar que otras personas también manejen.

Qué cambia cuando desaprendes la división

Cuando dejes esta parada de descanso, ya sin esa maleta, esto es lo que cambia:

Dejas de ver el "nosotros" vs. "ellos." Ves... personas.

Dejas de categorizar conductores por su tipo de vehículo. Reconoces que están en viajes igual que tú.

Dejas de sentirte amenazado por las diferencias. Las ves como solo... diferentes expresiones de lo mismo.

Dejas de desperdiciar energía validando quién pertenece en la carretera. Te enfocas en tu propia ruta, tu propio destino, tu propio camino.

Eso no es ingenuo. Eso no es ignorar problemas reales. Es solo elegir ver la realidad claramente: todos somos la misma especie, manejando la misma carretera, tratando de llegar a algún lugar que nos importa.

Diferentes vehículos. Diferentes rutas. Diferentes destinos. Mismo derecho fundamental de hacer el viaje.

No hay examen calificando quién está apoyando la mejor visión política o religión.

Solo está la carretera, acomodando cada vehículo, y tu decisión sobre si manejas con la división agregándote peso o con la ligereza de saber que todos somos solo personas tratando de llegar a algún lugar.

Aprovecha esta área de descanso. Desempaca esa maleta. Deja la división atrás.

Y cuando estés listo, sigue manejando—hacia un pueblo donde todos tienen permitido estar en el camino.

Capítulo 11

SU MAPA NO ES EL TUYO

Manejas una ruta distinta a la de las demás personas. No empezaste en el mismo lugar. No vas al mismo destino. Tu vehículo no es el mismo. Tus pasajeros no son los mismos. Tus limitaciones no son las mismas.

Entonces cuando alguien te dice, "Si esto me funcionó a mí, deberías hacerlo," lo que realmente te están dando son direcciones desde su punto de partida hacia su destino, en su vehículo, bajo sus condiciones.

Eso es lo que pasa con los consejos—siempre vienen con un contexto invisible. Ponte a pensar la cantidad de veces que has dado un consejo. Compartimos dietas, carreras, estrategias de crianza, hacks de productividad, consejos de relaciones con una certeza absoluta. Alguien encuentra algo que funciona en su vida e inmediatamente quiere compartirlo—genuinamente, con entusiasmo, convencido de que es la respuesta.

Y a veces lo es. Para ellos. En su contexto. Con su vehículo, en sus caminos, con sus pasajeros y limitaciones específicas.

La trampa de los consejos no es tomar los consejos en sí. Es olvidar que todos los consejos vienen con un asterisco invisible: funcionó en mi situación específica.

El origen que no puedes ver

Cuando alguien te da un consejo, están compartiendo direcciones desde su ciudad natal hasta su destino. Conocen cada señal, cada patrón de tráfico, cada atajo. Lo que no pueden ver es que no estás empezando desde su ciudad natal—estás empezando desde la tuya.

Su consejo tiene perfecto sentido. Para alguien que sale de su ubicación, con su vehículo, yendo a donde ellos van.

La trampa es asumir que su ruta funcionará desde tu punto de partida.

Piensa en cuando pides direcciones al manejar. Si alguien te dice, "Da vuelta a la izquierda en el árbol grande que está del lado derecho," eso solo es útil si estás llegando desde la misma dirección que ellos. Desde un ángulo diferente, podrías no ver el árbol para nada. O vas a ver tres árboles. O quizás el árbol lo cortaron el año pasado, pero ellos no han manejado esa ruta desde entonces.

Sus direcciones no están mal. Simplemente no son universales.

La maleta llena del contexto de alguien más

Cada pieza de consejo viene empacada con contexto. Su situación laboral, su estructura familiar, su personalidad, su posición financiera, su salud, sus valores, sus miedos, sus experiencias. Todo invisible para ti, incorporado en su recomendación como una maleta que no puedes ver.

Alguien te aconseja que te levantes a las 5 a.m. porque eso cambió su vida. Lo que no mencionan es que siempre han sido personas mañaneras, no tienen hijos, se acuestan a las 9 p.m., trabajan desde casa, y les encanta tener tiempo tranquilo antes de que el mundo despierte. Hasta comparten videos en redes sociales de sus rutinas matutinas con *timestamps* que no incluyen el tiempo que les tomó preparar la cámara.

Lo intentas. Pero eres nocturno, tienes un niño pequeño que se despierta dos veces en la noche, tu traslado al trabajo empieza a las 7 a.m., y piensas mejor después de las 10 p.m.

Su consejo era real. Tu contexto es diferente. El consejo no se transfiere.

Alguien te recomienda renunciar a tu trabajo y seguir tu pasión porque ellos lo hicieron. Lo que es invisible en ese consejo es que tenían seis meses de ahorros, una pareja que los apoyaba con ingreso estable, sin hijos, buen seguro médico a través de su cónyuge, y una habilidad comercializable que ya habían estado desarrollando los fines de semana.

Tú tienes tres meses de renta ahorrados, eres el que mantiene la casa, tienes dos dependientes, y tu pasión es algo que toma años en monetizar.

Su consejo no estaba mal en su situación. Podría ser catastrófico para la tuya.

La realización de la parada de descanso

Examina los consejos que has estado cargando. No para rechazarlos, sino para entender de dónde vinieron.

¿Ese sistema de productividad que te hace sentir culpable porque no lo puedes mantener? Fue diseñado por alguien con diferentes niveles de energía, diferentes responsabilidades, diferente química cerebral que la tuya.

¿Ese consejo de relaciones que nunca parece funcionar? Vino de alguien en un tipo de relación diferente, con diferentes estilos de comunicación, diferentes historias, diferentes necesidades.

¿Esa estrategia de crianza que te hace sentir que estás fallando? Fue escrita por alguien con diferentes hijos, diferentes recursos, diferentes sistemas de apoyo.

Nada de esto hace que el consejo sea malo. Simplemente, hace que el consejo sea contextual.

El experimento mental de un viaje a Disney

Alguien ve y critica a una familia por tener un itinerario rígido en Disney—cada juego planeado, cada comida cronometrada, cada spot para fotos marcado en el mapa. "¡Se ven muy estresados! ¡Deberían relajarse y disfrutarlo!"

Pero lo que no podemos ver es que quizás esa familia ahorró por años para este viaje. Quizás esta es su única oportunidad de ir. Quizás tener un plan significa que realmente experimentarán todo lo que ahorraron en lugar de andar deambulando abrumados. Quizás los padres genuinamente disfrutan planear—esa organización no es estrés para ellos. Es cómo ellos se divierten.

El consejo del crítico ("¡solo relájense!") viene de su contexto: quizás viven lo suficientemente cerca para visitar regularmente, quizás tienen pases anuales, quizás la espontaneidad es cómo disfrutan las cosas.

Ningún enfoque está mal. Son diferentes vehículos en diferentes viajes.

La trampa de los consejos es pensar que tu manera de hacer Disney (o cualquier otra cosa) debería funcionar para todos.

Lo que realmente significa la "diversión"

Pregúntale a diez personas cómo se ve un "fin de semana divertido" y obtendrás diez respuestas completamente diferentes:

Alguien que trabaja desde casa podría querer arreglarse y salir a algún lugar ruidoso y social.

Alguien que trabaja en *retail* podría querer quedarse en casa en pijama y no ver absolutamente a nadie.

Alguien que está sentado en un escritorio todo el día podría querer ir de excursión.

Alguien que está de pie toda la semana podría querer acostarse en el sillón y maratonear una serie.

Cuando cualquiera de estas personas dice, "Deberías probar esto, ¡es muy divertido!"—quieren decir que es divertido para alguien con su energía, sus preferencias, su contexto. No están equivocados. Son contextuales.

La trampa es escuchar "deberías" como si fuera una prescripción universal en lugar de "esto funcionó desde mi punto de partida."

Deja de seguir el GPS de alguien más

Tu GPS está programado para TU destino. No el de ellos.

Alguien te dice, "Necesitas hacer más networking para avanzar en tu carrera." Eso podría ser cierto si estás en ventas, si eres extrovertido, si estás en una industria donde las relaciones impulsan las oportunidades.

Podría estar completamente equivocado si estás en un campo donde tu trabajo habla por sí mismo, si estás construyendo algo que toma años de esfuerzo enfocado en solitario, si avanzas a través de la experiencia en lugar de las conexiones.

Su GPS no está mintiendo. Solo no está calibrado para tu ruta.

Alguien dice, "Necesitas ahorrar 20% de tus ingresos." Ese es un consejo sólido si ganas lo suficiente para que el 20% sea posible, si no tienes deudas aplastándote, si no tienes dependientes que solo te tienen a ti, si no tienes gastos médicos comiéndose tu quincena.

Es un consejo inútil si apenas cubres la renta.

El consejo en sí no es malo. El contexto lo es todo.

Modelos a seguir vs. imitación

Puedes ver cómo maneja alguien más e inspirarte. Puedes notar su técnica, su compostura, su eficiencia. Puedes aprender al verlos.

Lo que no puedes hacer es replicar su ruta exacta cuando estás empezando desde una ubicación diferente.

Los modelos a seguir funcionan cuando tomas los principios y los adaptas a tu contexto. La imitación falla cuando tratas de copiar los movimientos exactos de su contexto al tuyo.

Alguien construyó un negocio exitoso trabajando semanas de 80 horas. Nunca se rinden. Puedes admirar su dedicación sin destruir tu salud tratando de igualar su horario cuando tienes diferente energía, diferentes necesidades familiares, diferentes etapas de vida.

Alguien logró algo a través de networking agresivo y empuje constante. Puedes respetar su enfoque sin forzarte a un estilo que te drena cuando el trabajo profundo y el pensamiento cuidadoso es tu verdadera fortaleza.

Busca inspiración, no imitación. Toma lo que resuena y deja lo que no.

Te enseñaron que la gente exitosa se levanta temprano, así que tú también deberías. Te enseñaron que necesitas estar constantemente en el ajetreo, así que te sientes culpable descansando. Te enseñaron que hay una manera correcta de criar hijos, de manejar dinero, de avanzar en tu carrera.

Todo ese consejo vino del contexto de alguien. Algo podría transferirse al tuyo. La mayoría no, al menos no exactamente.

La trampa es tratar consejos específicos de contexto como ley universal.

Sí, incluyendo este libro

Todo en este libro—cada metáfora, cada sugerencia, cada observación—vino de mi contexto. Mi vehículo, mis caminos, mis pasajeros.

Algo podría resonar con tu situación. Algo podría no aplicar para nada. Algo podría necesitar ser adaptado significativamente para funcionar para tu traslado.

Esto no es consejo. Es perspectiva. Es cómo se ven las cosas desde donde estoy manejando, con el entendimiento de que tú estás manejando desde otro lugar.

Si la metáfora del manejo te ayuda a pensar sobre tu viaje diferente—llévatela. Si se siente forzada o no coincide con cómo ves tu vida—olvídala.

La trampa sería yo diciéndote, "Esto me funcionó a mí, así que deberías hacerlo." El mensaje real es, "Esto es lo que veo desde mi asiento. Toma lo que tenga sentido desde el tuyo."

Cuando imaginas tu propia cochera

Alguien pregunta en Reddit, dentro de una comunidad a la que perteneces por el carro que tienes: "Oigan, acabo de comprar el mismo modelo de carro que manejan ustedes—¿algún tip para manejarlo?"

Escribes consejos basados en tu experiencia: Cuidado con el radio de giro cerrado en estacionamientos públicos. El punto ciego del lado del pasajero necesita atención extra. Mantenlo en modo sport en la carretera para mejor respuesta.

Todo genuinamente útil. Para alguien manejando tus rutas.

Pero lo que no puedes ver es que ellos viven en un rancho en medio de la nada. Sin estacionamientos públicos. Sin traslados de carretera. Sus "preocupaciones de punto ciego" involucran ganado, no cambios de carril. Tu consejo de modo sport es inútil cuando están navegando caminos de tierra a 25 km/h.

No estabas equivocado. Eras contextual.

Esto pasa constantemente.

Consejos de carrera de alguien que entró a su industria cuando los trabajos abundaban y la educación era accesible—aplicados a alguien entrando a la misma industria ahora cuando el panorama es completamente diferente.

Consejos de relaciones de alguien que conoció a su pareja a los 22—dados a alguien que está construyendo una relación a los 42 con experiencia de vida completamente diferente.

Consejos de crianza de alguien criando hijos antes de que existieran los smartphones—aplicados a alguien navegando la infancia digital.

Consejos financieros de alguien que compró su primera casa cuando costaban tres veces el salario anual—dados a alguien cuando cuestan diez veces el salario anual.

El consejo era real. El contexto era diferente. Tus tips de manejo en la ciudad no ayudan a alguien en un rancho.

Lo que los consejos realmente significan

Cuando alguien dice, "Si esto me funcionó a mí, deberías hacerlo," lo que realmente quieren decir es:

"Esto funcionó en mi vehículo, en mis caminos, con mis pasajeros, dadas mis limitaciones, con mi personalidad, en mi etapa de vida, en mis circunstancias."

Solo que no dicen todo eso porque pues no lo pueden ver. Su contexto es como el agua para un pez—está en todas partes, así que es invisible.

Tu trabajo no es rechazar su consejo. Tu trabajo es adaptarlo.

Pregúntate:

¿Cuál era su punto de partida?

¿Cuál es mi punto de partida?

¿Bajo qué limitaciones estaban trabajando?

¿Con qué limitaciones estoy trabajando?

¿Qué les funcionó en su contexto?

¿Cómo se vería ese principio en mi contexto?

A veces la respuesta es, "Esto se traduce directamente—puedo usar esto."

A veces es, "Esto no aplica para nada a mi situación."

La mayoría de las veces es, "Puedo tomar el principio y adaptarlo a mi ruta."

El permiso que no sabías que necesitabas

Tienes permiso de tomar la parte del consejo que te resuena y dejar a un lado las partes que no.

Tienes permiso de adaptar lo que funciona para ellos en algo diferente que funciona para ti.

Tienes permiso de decir, "Qué bueno que te funcionó, pero mi contexto es diferente." La lealtad al consejo de alguien más no te servirá si ese consejo no encaja en tu contexto.

Tienes permiso de tomar el consejo de alguien—incluso de un amigo cercano—y ajustarlo para que encaje en tu situación. Y si lo notan y se ponen a la defensiva: "¡Oye, no seguiste mi consejo!", tienes permiso de decir: "Sí lo hice. Lo adapté a mi contexto. Es totalmente tu receta, solo ajustada para mi cocina."

Tienes permiso de dejar de sentirte culpable por no seguir consejos que no encajan en tu situación.

Tienes permiso de dejar de comparar tu ruta con la de alguien más cuando están empezando desde ubicaciones diferentes.

La trampa de los consejos es pensar que si algo les funcionó a ellos, debería funcionarte exactamente como lo hicieron.

La salida de esa trampa es entender que todos los consejos son contextuales—y tu trabajo es filtrarlos a través de tu realidad, no forzar tu realidad para que coincida con su consejo.

Toma lo que se traduce. Adapta lo que está cerca. Deja lo que no encaja. Es hora de dejar de seguir el GPS de alguien más.

No hay examen calificando si seguiste el consejo de alguien correctamente.

Solo está tu contexto, tus limitaciones, y si estás manejando una ruta que realmente tiene sentido para tu viaje.

Capítulo 12

CADA VUELTA TE TRAJO AQUÍ

Una intersección. Otra. Otra más. De todas las vueltas que pudiste haber dado, diste las que te trajeron aquí.

Cada decisión sobre qué carril tomar, qué salida elegir, qué ruta seguir. Hiciste miles de ellas. Y cada una te trajo a este punto exacto, leyendo esta oración exacta, en esta versión exacta de tu vida.

No puedes dar Ctrl-Z, regresar y manejar una ruta diferente. Esas otras rutas ya no están ahí. Pueden existir en algún universo paralelo donde una versión diferente de ti tomó decisiones diferentes. Pero ese no es tu universo. Ese no es tu viaje.

Este sí.

Y aquí está el cambio: no hay nada de que arrepentirse. No porque debas "soltar" el arrepentimiento o "perdonarte" por decisiones pasadas. Sino que el concepto de arrepentimiento no debería aplicar a tu vida.

No hubo vueltas equivocadas. Solo hubo las vueltas que te trajeron aquí, a estar vivo, ahora.

Este podría ser el desaprendizaje más pesado hasta ahora. El arrepentimiento se siente tan justificado. Tan ganado. Tan obvio.

Tomaste rutas que "no deberías." Hiciste elecciones que llevaron al dolor. Perdiste tiempo yendo en la dirección "equivocada." ¿Cómo puede no haber nada que lamentar?

Sencillo, esas rutas no estaban equivocadas. Eran las únicas rutas que llevaron a que estés aquí ahora mismo. Y "aquí ahora mismo" significa que tienes el criterio que tienes ahora. La madurez. La sabiduría. El kilometraje en tu odómetro.

Eso no es nada. Eso lo es todo.

El árbol que muestra tu camino

Imagina un árbol. Un árbol masivo con miles de ramas extendiéndose en cada dirección.

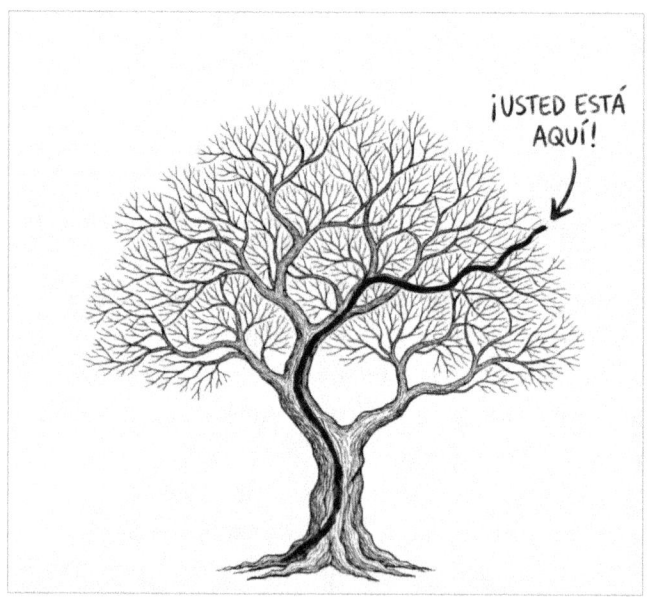

Abajo está el tronco—tu origen, donde empezaste.

En la punta de una rama específica, hay una leyenda que dice, "¡Usted Está Aquí!"

Hay una línea gruesa que traza un camino continuo desde el tronco hasta donde estás ahora. Una ruta a través de miles de ramas posibles. Un camino que te trajo a este momento.

Ahora observa todas las otras ramas. Miles de ellas. Cada una representa una decisión que no tomaste. Un camino diferente que una versión diferente de ti podría haber tomado.

Esas ramas también son reales. Existen en el árbol. Pero no son TU conjunto de ramas. No son parte de tu camino.

Tu camino es la línea negra. Una ruta continua del tronco a la punta. Cada vuelta, cada intersección, cada decisión—todas son parte de esa sola línea.

Puedes mirar las otras ramas y pensar "qué hubiera pasado." Puedes imaginar qué habría pasado si hubieras tomado una ruta diferente hace cinco años, diez años, veinte años.

No puedes estar en una rama diferente y seguir siendo tú.

Porque tú eres la línea negra. Eres la suma de cada decisión que creó este camino específico a través del árbol.

Si hubieras elegido diferente en cualquier punto, ya no serías tú. Serías una versión diferente. Viviendo en una rama distinta. Con un camino diferente. Una vida diferente.

No una vida mejor. No una vida peor. Solo diferente e incognoscible.

La única versión que existe

En física cuántica, hay este concepto de que cada decisión crea un universo ramificado. Eliges izquierda, y en algún lugar existe un universo paralelo donde elegiste derecha. Ambas versiones de ti existen, viviendo vidas diferentes.

Ese es un experimento mental fascinante en física.

Pero es completamente irrelevante para tu vida real (esta versión, la que está leyendo este libro).

Porque no vives en múltiples universos. Vives en este. En esta rama. Siguiendo esta línea negra.

¿Esa otra versión de ti, que dio vuelta a la izquierda en lugar de a la derecha? ¿Que tomó el trabajo en lugar de rechazarlo? ¿Que se quedó en lugar de irse?

No existen en tu realidad. Existen en teoría. En la imaginación. En los escenarios de "qué hubiera pasado" que repasas a las 2 a.m. cuando no puedes dormir.

Tú existes aquí. Ahora. En esta rama.

Y esta rama es la única que importa porque es la única que es real para ti.

La misma ruta, nunca el mismo viaje

Piensa en un viaje por carretera que hayas hecho muchas veces. Mismo punto de partida. Mismo destino. Misma autopista.

Nunca es idéntico.

Esta vez decides parar para ir al baño en el kilómetro 150. La vez pasada paraste en el kilómetro 175.

Por fin rebasas un tráiler lento, te le adelantas. Luego, tu familia quiere botanas, así que te detienes en la tienda de la parada de descanso.

Mientras estás adentro comprando bebidas, miras por la ventana y ves el mismo tráiler que rebasaste pasando por la carretera.

"Ay no otra vez," piensas. Ahora tendrás que rebasarlo de nuevo.

Pero quizás puede que no te lo encuentres de nuevo para nada.

Quizás están tomando una salida un kilómetro adelante que tú no vas a tomar. Quizás paran en la siguiente gasolinera y tú no. Quizás los rebases de nuevo, quizás no.

Misma ruta. Diferentes variables. Diferente *timing*. Diferente resultado.

No puedes recrear un viaje, incluso cuando lo estás intentando. Son demasiadas variables. Demasiados conductores distintos tomando sus propias decisiones. Demasiadas diferencias menores que se convierten en experiencias completamente únicas.

Entonces cuando imaginas regresar y "rehacer" una decisión de hace cinco años—tomar el otro trabajo, quedarte en esa relación, mudarte a esa otra ciudad—no solo estás imaginando una decisión diferente. Estás imaginando un escenario imposible donde todo lo demás se queda igual excepto por esa decisión.

Pero así no funciona. Cambias una decisión, y todo cambia. Cada intersección subsecuente. Cada persona que conoces. Cada oportunidad que aparece o desaparece. Cada versión de quién te conviertes.

No puedes rehacer tu camino y obtener un mejor resultado.

El camino en el que estás es el único que es real. Y es el único que te trajo aquí.

Quizás has escuchado esta pregunta cliché: "Si tuvieras una máquina del tiempo y pudieras viajar 25 años atrás y decirle solo una cosa a tu yo más joven, ¿qué le dirías?"

A la gente le encanta contestar esto. "Números de lotería." "Compra Bitcoins." "No salgas con esa persona." "Toma ese trabajo." "Evita ese error."

Eso es arrepentimiento.

Mi mensaje para mi yo más joven sería: "Describe cómo te ves en 25 años."

Eso es todo. Obviamente me reiré en silencio y disfrutaré su (mi) respuesta porque el Eric joven no tiene idea de lo que se viene.

No le advertiría de nada porque si da una vuelta diferente en cualquier lugar, esta versión de mí desaparece. Me desvanezco de mis fotos familiares. No terminaría casándome con Silvana. Mis hijos no existen. La persona escribiendo este libro nunca existió. ¿Por qué querría hacer eso?

Tus decisiones definen tu vida

Si las combinaciones en nuestro ADN definen nuestro ser viviente, las combinaciones de nuestras decisiones definen nuestra vida.

No eres solamente la persona con este código genético específico. Eres la persona que tomó estas decisiones específicas, en este orden específico, bajo estas circunstancias específicas.

Esas decisiones construyeron tu camino. Decisión por decisión. Vuelta por vuelta. Intersección por intersección.

Y ese camino te llevó a estar aquí, con el entendimiento que tienes ahora.

Hay una frase en una serie de TV—*Prime Target* en Apple TV+— que encaja perfectamente, donde un personaje dice: "Todos tenemos opciones. Lo que he aprendido es que son las que tomamos las que nos definen."

No las decisiones que desearíamos haber tomado. No las decisiones que otras personas piensan que deberíamos haber tomado. No las decisiones teóricas que habrían llevado a diferentes resultados.

Las decisiones que realmente tomamos.

No eres la persona que habría tomado diferentes decisiones. Eres la persona que tomó estas decisiones.

Esta es tu vida.

No hay decisiones equivocadas

Aquí es donde se pone profundo.

Piensas que algunas de tus decisiones estuvieron mal. Las lamentas. Desearías poder regresar y elegir diferente.

Pero lo que "equivocado" implica es que había una decisión correcta que deberías haber tomado en su lugar.

No hay examen calificando tus decisiones. No hay un estándar universal para catalogar las decisiones como "correctas." No hay una boleta midiendo si elegiste correctamente.

Piensa en el trabajo que odiaste. El que lamentas haber tomado. El que se sintió como dos años desperdiciados.

¿Fue la decisión equivocada?

¿Qué tal si te digo que ese trabajo te hizo resiliente? ¿Qué tal si te enseñó a aguantar la dificultad? ¿Qué tal si clarificó lo que absolutamente no quieres en la vida? ¿Qué tal si te puso en el mismo cuarto que alguien que se volvió crucial después en tu camino? ¿Qué tal si te dio habilidades que no sabías que necesitabas?

¿Qué tal—y esta es la parte crítica—si rechazar ese trabajo te habría llevado a una rama donde no estás aquí ahora mismo?

No sabes qué habría pasado en la otra rama. No puedes saber. Esa rama no existe para ti.

Lo que sabes es esto: la decisión que tomaste te llevó a estar aquí. Todavía en tu viaje.

Esa no es una decisión equivocada. Es la única decisión que llevó a este resultado.

La trampa del "qué hubiera pasado"

"¿Qué hubiera pasado si me hubiera quedado en esa relación?" "¿Qué hubiera pasado si hubiera tomado esa oferta de trabajo?" "¿Qué hubiera pasado si me hubiera mudado a esa ciudad?" "¿Qué hubiera pasado si hubiera empezado ese negocio?" "¿Qué hubiera pasado si hubiera ido a esa otra escuela?"

Qué hubiera pasado. Qué hubiera pasado. Qué hubiera pasado.

Cuando juegas el juego del "qué hubiera pasado," imaginas un escenario donde tomaste una decisión diferente y todo salió mejor.

Pero así no funcionan las ramas.

Si te hubieras quedado en esa relación, no solo obtienes las partes buenas de quedarte. Obtienes un camino enteramente diferente. Diferentes conflictos. Diferente crecimiento. Diferentes retos. Diferente versión de ti.

Quizás esa versión está prosperando. Quizás esa versión es miserable. Quizás esa versión ya ni estuviera viva.

No sabes. No puedes saber.

Lo que sabes es que la decisión que tomaste—irte—te llevó a estar aquí. Y "aquí" significa que todavía estás en tu rama, todavía manejando, todavía tomando decisiones con todo lo que has aprendido hasta ahora.

La trampa del "qué hubiera pasado" te hace pensar que puedes ver las otras ramas claramente. Que sabes lo que habría pasado si hubieras elegido diferente.

Pero no puedes. Esas ramas son niebla. Son imaginación. Son historias que te cuentas a las 2 a.m. sobre caminos que no tomaste.

Tu rama es la única que es real. Y es la única que te trajo aquí.

De manera cruda: estás vivo

Quitemos toda la filosofía y lleguemos a la verdad central.

Cada decisión que tomaste te llevó a estar vivo ahora mismo.

Cada "vuelta equivocada." Cada "error." Cada decisión que lamentas. Cada camino que se sintió como que no llevaba a ningún lado.

Todos te llevaron a estar aquí. Respirando. Leyendo esto. Todavía manejando hacia adelante.

No sabes qué habría pasado en las otras ramas. Quizás llevaron a mejores resultados. Quizás llevaron a peores. Quizás llevaron a que no estuvieras aquí para nada.

Eso significa que cada decisión que tomaste fue la decisión correcta para esta versión de ti. No porque llevó al mejor resultado posible. Sino porque llevó a este resultado: tú, aquí, todavía manejando.

No hay examen calificando si tu camino fue el óptimo. Solo está tu camino, y te trajo aquí.

Los padres perfectos para tu ruta

"Tengo la mejor madre del mundo.—Tengo el mejor padre del mundo."

Todos decimos esto. No porque objetivamente medimos a todos los padres, y los nuestros sacaron la calificación más alta. Sino porque nuestros padres son nuestro punto de referencia para "padre y madre." Son nuestro cero en esa línea.

No necesariamente son los mejores de manera objetiva. Son los mejores para tu ruta. Porque son los únicos padres que sembraron y regaron TU árbol específico.

Piénsalo: tus padres fueron la primera división mayor en tus ramas. El tronco. La base de cada decisión que vino después.

Con diferentes padres, serías una persona diferente. No mejor. No peor. Solo diferente. Completamente diferente.

Diferentes padres te habrían enseñado diferentes lecciones—o no te habrían enseñado para nada. Habrían proporcionado diferentes recursos, diferente apoyo, diferentes retos. Habrían creado diferentes circunstancias que llevaron a diferentes decisiones que llevaron a diferentes ramas.

Y ninguna de esas ramas sería la tuya.

Tus padres—estas personas específicas, con sus fortalezas y defectos específicos, presencia o ausencia—moldearon TU ruta específica. Incluso los contratiempos. Incluso la ausencia. Incluso los momentos cuando no estuvieron ahí cuando más los necesitabas.

Esas no fueron desviaciones de la crianza "correcta." Esos fueron los ingredientes exactos que te crearon.

Te enseñaron a manejar. Quizás te enseñaron mal. Quizás te enseñaron perfectamente. Quizás te dejaron que lo descifraras solo. No importa. Su enseñanza—o falta de enseñanza—creó TU estilo de manejo. Tu enfoque al camino.

No puedes desear diferentes lecciones de manejo sin convertirte en un conductor completamente diferente.

Incluso padres que causaron daño, que estuvieron ausentes, que tomaron decisiones terribles—todavía moldearon la rama en la que estás. Puedes reconocer el dolor que causaron. Puedes reconocer las maneras en que fallaron. Puedes elegir no repetir sus patrones.

Pero no puedes lamentar que fueron tus padres sin lamentar todo tu árbol. Porque diferentes padres implican un diferente tú. No la versión de ti que está leyendo esto. Una versión diferente en una rama distinta que no existe en tu realidad.

Tus padres fueron perfectos para ti. No porque fueran impecables. No porque no cometieran errores. No porque estés obligado a agradecerles o perdonarlos o mantener relaciones con ellos si fueron dañinos.

Sino porque crearon la versión de ti que existe. Esta versión. La que está en esta rama, con este camino, con este 100% específico de vida.

Dilo en voz alta: "Tuve la mejor madre del mundo." "Tuve el mejor padre del mundo."

Porque fueron tuyos. En tu ruta. Los únicos padres que pudieron haber creado el tú que está aquí ahora.

Todos tienen "los mejores padres del mundo" en su propia ruta. Porque los padres de todos crearon la rama específica en la que esa persona está en específico.

Eso no es gratitud requerida. Eso es solo realidad.

Tus padres fueron la primera vuelta en tu ruta. No puedes desear diferentes primeras vueltas sin desear estar en una ruta completamente diferente—lo que te haría alguien completamente diferente.

Y estás aquí. Esta versión. En esta rama. Esa es la única versión que existe en tu realidad.

Lo que "vuelta equivocada" realmente significa

Cuando dices que una decisión fue una "vuelta equivocada," lo que realmente estás diciendo es: "No me gustó a dónde me llevó esa decisión."

Okay. Te la valgo. Algunos caminos son difíciles. Algunas decisiones llevan al dolor. Algunas rutas te llevan por territorio que nunca quisiste ver.

Pero llamarlo "equivocado" implica que había una decisión correcta que deberías haber tomado en su lugar. Y la decisión correcta habría llevado a un mejor resultado.

Pero lo que no estás considerando es que no puedes saber si eso es verdad.

Estás comparando el camino real que tomaste con un camino imaginario que piensas que habría sido mejor. Pero ese camino imaginario es exactamente eso—imaginario.

¿El camino real? Te enseñó. Te hizo resiliente. Te mostró de qué eres capaz de aguantar. Reveló tus valores. Construyó tu fortaleza.

Y te trajo aquí.

Esa no es una vuelta equivocada. Eso es parte de tu ruta.

No tomaste decisiones equivocadas. Tomaste las únicas decisiones que las circunstancias de ese momento te llevaron a tomar, consciente o inconscientemente.

Perdonar no cambia el pasado, pero sí el futuro

Probablemente has escuchado esta expresión que se usa cuando se discute el perdón propio.

Eso no es el punto acá.

Lo que sí cambia tu futuro es perdonar a otras personas. El conductor que te cerró. El amigo que te traicionó. La persona que te lastimó.

Aferrarte al enojo hacia ellos no cambia lo que pasó. Pero arruina tu camino futuro. Te amarga el trayecto. Te hace manejar con rabia en lugar de paz.

No olvidarás. Lo pensarás dos veces si el mismo escenario se repite. Pero perdonarás para seguir adelante.

Perdonarlos, a veces no porque se lo merezcan, sino porque tú mereces dejar de cargar su peso. Eso es lo que cambia el futuro.

Por cierto, no estoy diciendo que solo debas perdonar y nunca disculparte porque ellos lo tienen que olvidar. Cuando lastimas a alguien, necesitas pedir perdón—incluso cuando el daño no fue intencional. Y por favor no te escondas detrás de la frase vacía "Lamento que mis acciones te hayan lastimado." Toma responsabilidad: "Lamento haberte lastimado, aunque no me di cuenta en su momento."

Lo que estás desaprendiendo

No estás desaprendiendo cómo cargar arrepentimiento.

Estás desaprendiendo la creencia de que el arrepentimiento aplica a tu vida.

Te enseñaron que algunas decisiones son errores. Que deberías sentirte mal por vueltas equivocadas. Que lamentar decisiones pasadas es natural y justificado.

Pero observa tu camino. Observa la línea negra del tronco a la punta.

Cada decisión en esa línea te trajo aquí. Cada vuelta fue necesaria para crear esta versión específica de ti.

¿Esa cosa que lamentas—no explicar algo apropiadamente cuando alguien te hizo una pregunta? Eso te convirtió en el maestro que hoy enseña y explica a detalle. ¿Esa relación que terminó mal? Eso te enseñó lo que realmente necesitas en una pareja. ¿Ese trabajo que odiaste? Eso clarificó tus no-negociables. ¿Esa amistad que perdiste? Eso te mostró la diferencia entre conveniencia y conexión.

Todo eso construyó tu vida y tu propósito. Esos no son errores que lamentar. Son los pilares y cimientos de quién eres ahora mismo.

No te quites eso.

No hay errores en tu camino. Porque cada decisión fue la única decisión que te llevó hacia adelante.

No puedes lamentar una decisión que fue parte del camino que hizo posible que hoy estés vivo.

Eso no es justificación. Eso es solo realidad.

Los kilómetros que has manejado

Tu odómetro registra cada kilómetro que has recorrido. No etiqueta algunos kilómetros como "buenos" y otros como "desperdiciados." No juzga qué rutas fueron óptimas.

Solo cuenta. Hacia adelante. Siempre hacia adelante.

Esos kilómetros cuentan incluso cuando manejas en reversa. Cuando tomas desviaciones, esos kilómetros se suman. También cuando te pierdes, los kilómetros se incrementan.

Todos cuentan. Todos son parte de tu viaje.

Pudieras mirar tu odómetro y decir, "Ojalá no hubiera manejado esos kilómetros." Pero esos kilómetros siguen ahí. Comoquiera pasaron. No puedes regresar en el tiempo y borrarlos. Siguen siendo parte de tu distancia total viajada.

Y te trajeron aquí.

No te defines por haber manejado una ruta "correcta." Te defines por haber manejado esta ruta. Tu ruta. La única ruta que es real para ti.

La única rama que importa

Cuando dejes esta parada de descanso, no estarás borrando tu pasado. No estarás afirmando que no elegirías diferente si pudieras hacerlo de nuevo.

Solo estarás reconociendo la realidad: no puedes hacerlo de nuevo. Esas otras ramas no existen para ti. Y la rama en la que estás—esta, la real—es la única que te trajo aquí.

Cada decisión que tomaste fue el único camino hacia adelante que te trajo a este momento.

No porque tomaste las decisiones obvias. Porque tomaste las decisiones que podías tomar, en los momentos en que tenías que tomarlas, con la información y emociones y limitaciones con las que estabas trabajando.

Y esas decisiones construyeron tu camino. Una línea continua desde donde empezaste hasta donde estás ahora.

Existes en esta rama. No porque fuera la mejor rama. Porque es la única rama real que TE DEFINE.

No hay examen calificando si tomaste un camino "correcto."

Solo está tu camino, tus decisiones, y lo que te trajeron aquí.

Estás aquí. En tu rama. ¡Vivo!

Eso no es un premio de consolación. Es una revelación. Eso es todo.

Y cuando estés listo, sigue manejando—no más ligero porque soltaste el arrepentimiento, sino más claro porque finalmente entiendes que nunca te correspondió cargarlo.

SEGUNDA PARADA DE PITS

Acabamos de transitar por mucho terreno pesado. Cuatro áreas de descanso consecutivas—cuatro capítulos de desaprendizaje intenso.

Competencia. División. Consejos. Arrepentimiento. Acabas de manejar a través del territorio mental más denso de este viaje. La Parte Cuatro te pidió que desempacaras creencias que has estado cargando por kilómetros—creencias sobre necesitar ganar, necesitar separarte de otros viajeros, necesitar seguir la ruta de alguien más, necesitar arrepentirte de las vueltas que tomaste.

No fue poca cosa.

Así que ahora orillémonos a una parada de pits para un respiro rápido.

Las áreas de descanso tienen botes de basura por una razón. Has estado examinando lo que cargas. Has estado decidiendo qué te sirve todavía y qué no. Y ahora puedes tirar lo que ya no necesitas.

¿La competencia? Tírala.

¿El hábito de dividir a las personas en categorías antes de siquiera verlas? Tíralo.

¿La creencia de que los consejos deberían ajustarse a ti perfectamente sin traducción? Tírala.

¿El arrepentimiento sobre vueltas que fueron el único camino hacia adelante para que estés aquí? Tíralo.

No necesitas cargar ese peso hacia la siguiente parte de tu viaje.

Tómate un momento. Estírate. Procesa lo que acabas de trabajar.

La Parte Cuatro fue sobre desaprender—activamente soltar programación que nunca fue tuya para empezar. Requirió orillarte, abrir la cajuela, y decidir qué quedarte y qué dejar atrás.

Hiciste ese trabajo. Eso es importante.

¿Listo para regresar al camino?

La Parte Cinco es diferente. Regresas al tráfico—hora pico, de hecho. Con todos los otros vehículos a tu alrededor, todos esos otros viajeros en la autopista.

¿Pero ahora? Ahora realmente puedes verlos.

No como obstáculos. No como competencia. No como categorías para clasificarlos.

Como personas. Como compañeros de viaje. Cada uno el centro de su propio viaje, igual que tú eres el centro del tuyo.

La Parte Cuatro aligero tu carga. La Parte Cinco te muestra qué pasa cuando manejas sin ese peso.

¡A darle, átomos!

Parte Cinco

HORA PICO

De vuelta en el tráfico, pero ahora vemos a todos diferente.

Capítulo 13

CONDUCTORES, NO OBSTÁCULOS

Cada día manejas junto a decenas de personas. Al día de hoy, ¿alguna vez realmente has observado al conductor del carro que va adelante de ti?

No solo un vistazo. Realmente observado.

Notado que probablemente está escuchando música que no puedes oír. Quizás está cantando. Quizás va tarde a algo importante. Quizás acaba de recibir buenas noticias. Quizás terribles noticias. Quizás está pensando en una discusión que tuvo esta mañana, o planeando qué decir en una junta esta tarde, o preguntándose si se acordó de apagar la estufa.

Tiene toda una vida sucediendo dentro de ese carro. Una existencia completa con preocupaciones y esperanzas y gente esperándolo y problemas que resolver y recuerdos que lo hacen sonreír y heridas que todavía duelen.

Pero no ves nada de eso.

Ves un carro frente a ti. Yendo muy lento. Obstáculo.

Bienvenido a la hora pico

Has salido de esas áreas de descanso. Has hecho el desaprendizaje pesado —competencia, división, trampas de consejos, arrepentimiento. Has examinado lo que estabas cargando y decidido qué conservar y qué tirar.

Ahora estás de vuelta en la carretera. De vuelta en el tráfico. Hora pico.

Pero ahora algo es diferente. Porque después de todo ese trabajo interno, finalmente puedes ver algo que no podías ver antes.

Los otros conductores no son obstáculos. No son escenografía de fondo. No son estadísticas de tráfico.

Son personas.

Personas completas. Con vidas completas que son tan reales y complejas e importantes para ellos como la tuya lo es para ti.

Este es el cambio de ver personajes secundarios en tu historia a ver personajes co-estelares en sus historias junto a la tuya.

La realidad del NPC

Si alguna vez has jugado o visto un videojuego, los has visto. Los personajes que pueblan el mundo alrededor del personaje principal.

El sheriff parado afuera de la estación de policía. Te acercas, presionas X, y te dice su línea. El hechicero en la tiendita que te vende esa pócima rara que necesitarás tres niveles después. Los peatones caminando por la calle que no van a ningún lado—solo están ahí para hacer que la ciudad se sienta viva. Movimiento de fondo. Escenografía.

En terminología de videojuegos, estos se llaman NPCs—Personajes No Jugables por sus siglas en inglés. No los puedes controlar. No puedes ser ellos. Existen para apoyar tu misión o llenar el espacio a tu alrededor mientras te mueves por el mundo del juego.

Así es como naturalmente percibimos a la mayoría de las personas que encontramos durante nuestro día.

La persona en la fila del súper. El conductor tres carros adelante. El cajero escaneando tus compras. El extraño pasando junto a ti en el centro comercial.

Es casi imposible mantener consciencia simultáneamente de que cada persona que pasas tiene una vida completa, no es que seamos completamente egoístas (aunque algunos de nosotros lo somos a veces). Que son el centro de su propia vida igual que tú eres el centro del tuyo. Que también están pensando en comprar regalos para sus hijos, ahorrando para unas vacaciones, preocupándose por si se acordaron de cerrar la puerta, solo esperando llegar a casa después de su turno para cuidar a sus padres.

El barista haciendo tu café no es solo una función de hacer café. El conductor yendo muy lento no es solo un obstáculo entre tú y tu destino. El representante de servicio al cliente en el teléfono no es solo una voz resolviendo o dándole vueltas a tu problema.

Pero así se sienten. Como NPCs en tu juego.

Y no solo los vemos así. Los tratamos así.

Cuando todos están esperando en la tiendita

Piensa en la última vez que hiciste una cita de servicio. Estética. Taller mecánico. Consultorio médico. Dentista.

Lo agendas. Recibes la confirmación. Y luego la vida pasa—el tráfico está peor de lo que esperabas, una junta se alarga, no encuentras estacionamiento. Vas quince minutos tarde.

Te sientes un poco estresado por eso. Quizás un poco apenado cuando finalmente llegas.

¿Pero en el fondo? No estás tan preocupado. Y a veces ni siquiera por ellos, sino por ti para no presentarte como una persona impuntual. Porque en algún lugar de tu mente, de todos modos te estaban esperando.

Como el hechicero del videojuego en la tiendita del que hablábamos. Andas vagando por el bosque por veinte minutos, encuentras el claro escondido y entras a la tiendita misteriosa, y ahí está. Sentado. Esperando. Con exactamente el mismo saludo cada vez que lo visitas.

"Ahh, te estaba esperando."

Claro que sí. Es un NPC. Existe en esa tiendita, esperando que lo necesites. No tiene otros clientes. No tiene una vida que continúa cuando no estás ahí. Cuando sales de la tiendita y la pantalla se desvanece, solo está... ahí, congelado. Esperando tu próxima visita.

Así es como subconscientemente pensamos sobre los trabajadores de servicio sin siquiera darnos cuenta.

Claro que la estilista no está pensando en su siguiente cliente o tratando de mantenerse en horario. Solo está... ahí. Esperándote. El mecánico no tiene otros tres carros que trabajar hoy. El personal del consultorio no tiene una sala de espera llena y gente atrasada y compañías de seguros con quien lidiar.

Están en su tiendita. Esperando.

Excepto que no lo están. Tienen otras cuatro citas hoy. Tienen un descanso de comida que están tratando de proteger. Tienen un hija que necesitan recoger de la escuela a las 3 p.m. Tienen su propio estrés de ir atrasados porque el último cliente también llegó tarde.

Pero no ves eso. No puedes ver eso. Porque en tu historia, son el NPC que apareció cuando los necesitaste.

La próxima vez que manejes al trabajo o al súper, escoge cualquier tramo rápido de 10-15 minutos. Durante ese período, no pienses en las vidas de otras personas—solo cuenta cuántas personas ves en total. Personas adelante de ti, en un semáforo a tu alrededor. Olvídate de sus vidas y solo cuenta el número de personas que ves. Ahora reflexiona en el número cuando llegues a tu destino. ¿Fueron 5? ¿10? ¿20? ¿50? Y eso fue solo un viaje de 10 minutos. Sí, 50 personajes principales con sus propias batallas, no NPCs. Cinco por minuto.

La gente que nunca envejece

¿Has notado cómo algunas personas parecen congeladas a una edad específica en tu mente?

La persona que atiende la tienda cerca de tu casa. ¿Cuántos años tienen? Has ido ahí por años, pero si alguien te preguntara si tienen 35 o 55, honestamente no podrías decir. Solo son... la gente de la tienda.

El abogado que ves una vez al año. El jardinero que viene cada dos semanas. La persona de la tintorería. Existen a cualquier edad que tenían cuando los encontraste por primera vez, y se quedan en esa edad en tu percepción aunque pasen años.

Eso es pensamiento NPC. No envejecen porque para ti no son personajes reales con historias continuando. Son funciones. Roles. La persona que hace la cosa que necesitas que se haga.

No piensas en ellos teniendo cumpleaños. Envejeciendo. Lidiando con problemas de espalda que les impide ahora el cargar cosas pesadas. Son estáticos. Parte de la escenografía.

No es tu culpa. Es natural. Este patrón aparece en todas partes. Los maestros deberían cuidar a los estudiantes, no solo manejarlos. Los gerentes deberían cuidar a sus equipos, no solo administrarlos. Los CEOs deberían cuidar a su gente, no solo liderarlos.

Pero cuando ves a las personas como NPCs, no los cuidas. Los manejas. Los administras. Los usas para la función que sirven en tu historia. Algunas personas hacen esto a propósito (sí, eso es triste), pero la mayoría lo hacemos inconscientemente.

El *feed* de redes sociales de NPCs

Alguien postea sobre la muerte de su padre. En minutos, alguien comenta: "Sí, me acuerdo de MI padre. Era muy especial para mí."

Alguien comparte la noticia de su compromiso. Los comentarios se llenan con: "¡Esto ME hace muy feliz! Me siento muy feliz por ustedes..."

Su momento. Su anuncio. Su dolor. Su alegría.

Y en segundos, alguien lo hizo sobre ellos mismos. El cómo hacer que esto se trate sobre mi.

Es secuestro de comentarios. Tomar la historia de alguien más y usarla como escenario para actuar tu propia narrativa.

Alguien recibe una promoción en el trabajo. En lugar de celebrar, alguien más inmediatamente responde: "Qué suerte. Yo llevo más tiempo aquí y nunca me han promovido."

El logro del colega promovido se convirtió en el berrinche de su compañero.

Alguien comparte algo de lo que está orgulloso, una comida que preparó, un proyecto que terminó, un logro que alcanzó. Alguien tiene que comentar: "Yo hice eso hace años. ¡Me quedó delicioso!"

El momento de una persona se convirtió en el punto de comparación de otra.

La persona posteando no estaba pidiendo historias paralelas. No estaban buscando la experiencia de alguien más. Estaban compartiendo SU momento.

Pero para el que comenta, ese post es solo contenido. Solo otra caja de diálogo del NPC que apareció en su *feed*. Y las cajas de diálogo existen para darte algo a qué responder, ¿verdad? Para darte una misión, para disparar tu propia historia.

Porque en un *feed* lleno de NPCs, sus historias no importan como historias. Importan como contenido. Como oportunidades. Como escenario para tu actuación.

Cuando todos los demás son solo personajes en tu juego, sus momentos existen para servir tu narrativa. Sus batallas existen para mostrar cómo tú has batallado más. Sus alegrías existen para recordarle a todos tus alegrías.

El *feed* refuerza el pensamiento NPC más que cualquier otro espacio. Porque no estás mirando personas. Estás *scrolleando* contenido. Y el contenido existe para que lo consumas, reacciones, y lo hagas sobre ti mismo. Al final del día, es tu *feed*, ¿no?

No son personas compartiendo sus vidas. Son personajes entregando diálogo al que puedes responder como quieras.

Hasta que algo te recuerda que no lo son.

El chofer de Uber en la Ciudad de México

Estaba en la Ciudad de México un viernes por la noche. Viernes de quincena. Si conoces la Ciudad de México, sabes lo que eso significa. Toda la ciudad se convierte en un estacionamiento. Todos tienen dinero, todos van a algún lugar, y cada calle está atascada.

Necesitaba llegar al aeropuerto. Iba a casa después de un viaje de trabajo, y el tiempo estaba justo. La app de Uber analizó la ruta—la más corta en términos de minutos, pero en el tráfico de la Ciudad de México, si te pasas una vuelta, todo el viaje puede agregar 20-30 minutos más, porque simplemente no hay forma de dar vuelta atrás, literal. Estás atorado en el caos.

Primero, el conductor llegó tarde a recogerme.

Luego durante el viaje, se perdió una vuelta significativa.

Vi saltar el tiempo estimado de llegada de 45 minutos a 60 minutos. Me tuve que poner a recalcular llegadas, tiempos de abordaje, filas de seguridad. En mi subconsciente, el conductor no estaba ejecutando su función apropiadamente. Era una persona de servicio que se suponía que me llevaría ahí eficientemente, y no lo estaba haciendo.

Luego sonó su teléfono.

Escuché la voz de su esposa a través del altavoz. Luego él contestó: "Perdón amor, estoy atorado en el tráfico con un cliente. Llego tan pronto como pueda."

Su respuesta: "Cuídate mucho, amor. Que Dios te bendiga."

Eso es todo.

Ahí.

Ya no era solo un conductor que se perdió una vuelta. Era una persona lidiando con el mismo caos con el que yo estaba lidiando. Con una esposa que entendía que el tráfico de viernes de quincena es imposible. Que le dijo "amor", que dijo "Que Dios te bendiga" con paciencia en lugar de frustración.

Por el olor del carro, me di cuenta que fumaba, así que le ofrecí un cigarro en medio del caos. Se sintió aliviado. Me dijo que no tenía cigarros y que había estado deseando uno desde su hora de comida. Platicamos un poco para llenar el silencio, nada profundo en particular. Pero ambos nos sentimos algo aliviados. No llegué tan tarde a mi vuelo —el retraso adicional solo acortó mi tiempo de lectura en la sala de espera.

No estoy diciendo que esa llamada telefónica cambió mi vida o me despertó a alguna verdad profunda. Estoy diciendo que me recordó algo que ya sabía pero seguía olvidando: esta persona tiene una vida completa. No solo está ejecutando una función en mi historia. Tiene a alguien en casa que se preocupa por él. Tiene su propia versión del estrés que estoy sintiendo. Para él, yo era su NPC esa noche. Yo era su decisión (aceptar mi solicitud de viaje en su app) que terminó retrasando su llegada temprano a su esposa en casa.

Eso es lo que quiero decir sobre los NPCs. Sabemos intelectualmente que todos son personas. Pero lo olvidamos constantemente.

Especialmente cuando no están funcionando de la manera que necesitamos que funcionen en nuestra historia.

Todos en este tráfico

Observa ahora mismo a tu alrededor. Estás en la carretera, en el tráfico. ¿Cuántos carros puedes ver?

¿Diez? ¿Cincuenta?

Cada uno tiene al menos una persona adentro. Una persona completa con una vida completa.

La persona en el camión no solo está ocupando espacio en el camino. Va a algún lugar relevante—trabajo, casa, una cita, rumbo a alguien que le importa.

La persona caminando en la banqueta no es solo un peatón al que debes cuidar. Está lidiando con algo. Quizás está preocupado por dinero. Quizás está emocionado por una cita esta noche. Quizás acaba de recibir noticias que cambiaron todo.

El adolescente con la chamarra universitaria tres carros adelante no es solo un conductor lento aprendiendo a navegar el tráfico. Está estresado por el examen parcial. O tratando de descubrir cómo encajar. Preguntándose si alguien lo notó hoy. Llevando el peso de ser adolescente en un mundo que le exige saber qué quiere ser antes de descubrir quién es.

Todos los que ves están batallando con algo. Todos están tratando de descifrar algo. Todos tienen gente que depende de ellos y gente de la que dependen.

Necesitamos maestros que vean a sus estudiantes como humanos, no solo nombres en una lista. Gerentes que vean a sus equipos como personas, no solo recursos. CEOs que vean a sus empleados como individuos con vidas, no solo funciones en un organigrama.

Eso es lo que significa dejar de ver NPCs y empezar a ver personas.

Los lentes mágicos que muestran sus historias

Imagina por un segundo que traes lentes de realidad aumentada. Pero estos son especiales—tienen la característica única de que cuando miras a cualquier persona, ves un póster de película flotando sobre su cabeza—el póster de su película favorita de todos los tiempos.

Vas caminando por el centro comercial. Sobre la cabeza de una persona: *Sueños de Fuga*. Otra: *La Guerra de las Galaxias*. Alguien más: *El Padrino*. Ese niño de allá: *KPop Demon Hunters*.

Ahora imagina que ves a alguien con TU película favorita sobre su cabeza.

¿Qué harías?

Mínimo sonríes. Quizás hasta te acercarías. "¡No manches, esa también es mi favorita!" De repente tienes algo de qué platicar. Una conexión. Una razón para verlos como una persona real en lugar de solo otro comprador en tu camino.

Necesitas al menos una cosa en común para formar una comunidad —algo compartido que los hace a ambos miembros del mismo grupo invisible. Estos lentes mágicos son ahora generadores de comunidad.

Por ejemplo, tomemos la película *Moneyball*. Si yo viera a alguien con un póster de *Moneyball* flotando sobre su cabeza, querría hablar con ellos inmediatamente. Porque esa película me dice algo sobre ellos. Aprecian la analítica deportiva. Aman el béisbol. Les atraen historias sobre disrupción e ir contra la sabiduría convencional. Probablemente disfrutaron la química de Brad Pitt y Jonah Hill. Esa sola película revela dimensiones enteras de quiénes son (sí, esta es mi película favorita, y por eso le dediqué 8 oraciones donde 3 habrían funcionado).

Cada persona tiene intereses especiales y miedos y sueños y recuerdos. Cosas que los hacen reír. Cosas que los mantienen despiertos en la noche. Historias que se cuentan a sí mismos sobre quiénes son.

Pero no puedes ver nada de eso cuando estás en el tráfico. Solo ves un carro. Un obstáculo. Un NPC bloqueando tu carril.

¿La persona frente a ti yendo exactamente al límite de velocidad? Quizás acaba de recuperar su licencia después de perderla. Quizás tiene un bebé dormido en el asiento trasero. Quizás está llevando a su familiar mayor a una cita con el doctor, y tiene miedo de hacer un movimiento brusco.

¿El conductor agresivo zigzagueando entre carriles? Quizás acaba de recibir una llamada de que su hijo está en urgencias. Quizás está a punto de perder su vuelo. Quizás son solo conductores agresivos—pero incluso eso es por algo en su historia, alguna combinación de experiencias y presiones que los hace manejar así.

No tienes lentes mágicos de realidad aumentada. No puedes ver sus películas favoritas o sus mundos internos.

Pero ahora puedes recordar que están ahí.

Escapando la mentalidad NPC

¿La persona en el gimnasio sacando gente de la toma de su cámara? Están viendo NPCs.

Esas peleas de estadio de las que hablamos. Dos personas arriesgando todo, viéndose como peleadores oponentes. NPCs que derrotar.

Gente con horarios retacados en Disney, corriendo de juego en juego. Fueron NPCs durante tu visita para que te sintieras relajado porque ellos se veían estresados.

Gente estúpida que quieres rebasar en la fila. NPCs programados para frustrarte.

El carro que te cerró sin direccional. Un NPC con mala programación.

La persona que te quitó tu lugar de estacionamiento. Un NPC robando tus recursos.

Cada ejemplo fue de alguien olvidando que otras personas no son NPCs.

El chofer de Uber en el tráfico de la Ciudad de México me recordó eso en el momento. No porque me iluminé, sino porque obtuve un vistazo detrás del NPC y vi a la persona tomando esa llamada telefónica.

Y una vez que lo ves, no puedes dejar de verlo completamente.

A veces olvidarás. Volverás a caer en modo NPC. Te frustrarás con el conductor lento. Te molestarás con el trabajador de servicio que llegó tarde y olvidarás que tuvo otros tres clientes antes de ti.

Eso es normal. Eso es humano.

No hay examen para mantener la humanidad completa de todos en tu cabeza todo el tiempo. Eso es imposible.

¿Estás con 30,000 personas en un concierto? No puedes dimensionar todas sus vidas simultáneamente. No puedes darte cuenta de todos sus planes individuales que necesitaron completar para asistir a ese concierto. La mitad que viajó de otra ciudad para estar ahí—aviones, hoteles, transporte, todo. Gastaron los ahorros de su vida. Recibieron el viaje como regalo de graduación. No puedes mantener la consciencia de que cada persona en esa arena tiene sus propias esperanzas, miedos, y gente esperándolos.

Tampoco hay examen para evaluarte qué tan rápido te caches volviendo a caer en modo NPC. Vas a caer. Vas a olvidar. Vas a tratar a alguien como escenografía o un obstáculo o una función.

Y luego algo te recordará. Un momento de contacto visual. Una revelación que te pega en medio del caos del tráfico.

No como NPCs sino personajes co-estelares en sus propias historias, manejando junto a la tuya en la misma carretera.

Ese es el cambio. No buscas perfección. Solo consciencia a la que puedes regresar cada que lo recuerdas.

Y a veces, eso es suficiente para convertir un retraso frustrante en un cigarro compartido en medio del caos.

Capítulo 14

EL ESPACIO QUE DAS

Has reconocido a las personas no como NPCs, sino como personas. ¿Y ahora qué sigue? Una vez que tienes esa consciencia, una vez que ves a todos como viajeros en sus propias rutas, ¿qué haces con eso?

El reconocimiento a solas no cambia mucho. Estás atorado con todos los demás en este tráfico de hora pico. Unos carros más adelante, alguien está tratando de incorporarse desde la salida de una gasolinera. Claramente está batallando, la nariz de su carro avanzando poco a poco cada vez que ve un hueco, pero nadie lo deja entrar.

Podrías sí reconocer que la persona tiene su propia vida completa, sus propias razones para estar aquí, su propio estrés por ir tarde—y aún así, negarte a dejarlo pasar porque tienes la preferencia por ir en la avenida.

Reconocimiento sin acción no cambia nada.

Los japoneses tienen una palabra para el siguiente paso—*omoiyari*. Es más profundo que la empatía. Es anticipar las necesidades de alguien sin que tengan que decir nada. Reaccionar con cuidado, en silencio, considerado. Pequeñas bondades no habladas que muestran que no solo estás consciente de que otras personas existen, sino que activamente estás haciendo espacio para ellas.

No son gestos grandes. No es bondad montada para redes sociales. Solo pequeños actos sutiles que muestran profundo respeto y sensibilidad hacia otros.

Entendiendo empatía y simpatía

Algunas personas usan estas palabras intercambiablemente. No son lo mismo, y la diferencia importa cuando hablamos de *omoiyari*.

Simpatía es una respuesta emocional: "Ay, qué triste. Lo siento por ti." Es sentirse mal por la situación de alguien. Valida su dolor, los hace sentir escuchados, pero no necesariamente lleva a ningún lado.

Empatía es entendimiento: "¿Por qué pasó eso? ¿Se puede arreglar?" Es ponerte en su posición lo suficientemente profundo para ver soluciones potenciales. Le importa lo suficiente como para querer cambiar la situación, no solo reconocerla.

Cuando alguien te dice que está batallando, la simpatía dice, "Eso debe ser difícil." La empatía dice, "¿Cómo te ayudo?"

Una ofrece consuelo. La otra ofrece abordar la causa.

Ambas tienen su lugar—a veces la gente genuinamente solo necesita ser escuchada y validada. Pero si el carro de alguien se descompone a un lado del camino, un "Qué mal que te pasó eso amigo" no los pone en movimiento de nuevo. En cambio, un "¿Necesitas cables para pasar corriente o un aventón?" sí aporta.

A veces la gente solo busca sentirse consolada antes de pedir soluciones. Eso es válido.

Omoiyari se inclina hacia la empatía—anticipa necesidades y actúa sobre ellas. Es como empatía en movimiento. Empatía que no espera a que le pregunten.

Podrías seguirte de largo, sin dejar pasar a ese carro que se quiere incorporar. Tienes el derecho de paso. Y ya vas tarde.

O podrías parar. Crear espacio. Hacerles señas para que entren. No es debilidad. Es la jugada inteligente.

Te toma tres segundos más. Pero cambia sus siguientes cinco minutos completos.

Eso es *omoiyari*. No porque seas un santo, sino porque recuerdas cómo se siente estar del otro lado, viendo a todos pretender que no te ven.

Alguien te dejó entrar una vez. Así que tú dejas entrar a alguien más. Ayudar a los amigos no se trata de llevar la cuenta. Sin esperar gratitud. Solo haciendo espacio.

Piensa en un estacionamiento público. Cuando traes carro nuevo, te estacionas lo más retirado posible del carro de a lado—protegiendo tus puertas de posibles golpes. Eso es autopreservación.

Pero hay otra forma de verlo, vas a estacionarte retirado para que la persona de junto tenga espacio para abrir su puerta sin preocuparse. Mismo comportamiento, diferente motivación. Uno es sobre protegerte a ti mismo. El otro es sobre hacer espacio para alguien más.

Eso es *omoiyari* en un lugar de estacionamiento.

La tercera hamburguesa en Roma

Una vez mi esposa y yo estábamos de vacaciones en Roma celebrando nuestro aniversario. Recuerdo un día que estábamos muy cansados para salir a comer. Nos estábamos quedando en el Hotel IQ y había un McDonald's en la esquina de Via Firenze y Via Nazionale, a solo tres cuadras del hotel (después me enteré que lo movieron de ubicación a una calle adelante.) Así que le sugerí que yo podía salir a traernos algo de comer.

No es por presumir, pero mi italiano fue bastante bueno durante la mayor parte del viaje—había practicado intensamente como dos meses antes de irnos. En una parada de autobús, incluso le di indicaciones en italiano a un turista de Palermo que visitaba *la città* desde Sicilia; mi esposa no podía creer la escena (yo tampoco, porque él sí me entendía).

Así que, al entrar al McDonald's, pedí con seguridad. Después de pagar y salir, me di cuenta de que tenía tres hamburguesas en la bolsa. Había cometido un error y mi super lenguaje italiano salió defectuoso y acabé pidiendo tres hamburguesas en lugar de dos. Me dio risa. Ahora tenía una anécdota divertida que contarle a mi esposa llegando al hotel sobre mi "super lenguaje italiano".

Pero cuando salí, había un señor en situación de calle sentado afuera con su perro.

Le di la tercera hamburguesa.

No hice mucho drama. No lo filmé. No lo postié. Solo se la di. Me agradeció. Asentí y empecé a caminar.

Luego miré hacia atrás.

Estaba compartiendo la mitad con su perro.

Y honestamente, ¿la verdad sobre esto? Se sintió muy, muy chingón. Y me encantó ese sentimiento. Ese sentimiento fue para mí—sin video, sin cámaras, sin validación de nadie más.

(Verlo compartirla con su perro, para alguien que ama a los perros como yo, fue la cereza del pastel.)

Esa es la manera en que quiero vivir. Teniendo esos sentimientos.

Quizás eso se etiqueta como egoísta desde tu asiento de pasajero. Pero para mí, es un sentimiento increíble que ahora siempre trato de replicar cuando es posible. Como dice un primo querido, "si la economía familiar lo permite."

Porque eso es en lo que se convierte *omoiyari* en la práctica. No el gesto grande. No el acto de caridad documentado. Solo comprar una hamburguesa extra y dársela a alguien que la necesita más que tú. La mayoría de las veces hasta hay una promo de hamburguesa extra a la hora de pagar, y te lo hace más fácil.

No estoy diciendo esto para presumir o para recibir alabanzas. Estoy escribiendo esto para invitarte a hacer lo mismo. Estos pequeños gestos hacen mejor a nuestra comunidad. Por ejemplo, ahora llevo botellas de agua en mi carro, así como los Uber de antes. Dos o tres nuevas, tampoco digo que llevo el 24 pack. En las paradas de semáforos, cuando alguien se acerca pidiendo dinero o incluso a limpiar mi parabrisas—o solo vendedores de cosas en el semáforo—en lugar de o además de darles cambio, les ofrezco una botella de agua. Especialmente en días soleados.

Y claro que te agradecen la botella de agua.

Mi esposa ahora siempre me empuja a hacer esto en casa también, con cada entrega de comida o paquetes. Especialmente los que van en moto, sudando dentro de sus cascos. Siempre hay una botella de 500ml de agua en el refrigerador para ellos.

¿Ves a una persona en situación de calle afuera de la tienda de conveniencia? Quizás comprar un refresco extra cuando sales y dárselo haría su día más que echar monedas sueltas en su vaso.

Cosas pequeñas. Pero que se acumulan en tu comunidad.

Eligiendo cuando tienes ancho de banda

Una vez que pones atención a las necesidades no expresadas de otras personas, no puedes dejar de notarlas.

La persona batallando con la puerta pesada. La familia tratando de descifrar el mapa del metro. El adulto mayor que no alcanza el artículo en el estante de arriba.

Y tienes que elegir. Porque no puedes ayudar a todos todo el tiempo.

Lo que significa que a veces verás a alguien que necesita ayuda y seguirás caminando porque estás en tu límite y no puedes tomar una cosa más.

Y eso está bien.

No hay examen para estar infinitamente disponible para todos. *Omoiyari* no significa sacrificarte constantemente.

Significa poner atención cuando tienes la capacidad. Actuar cuando puedes. Crear espacio cuando no te cuesta nada o tienes chanza.

A veces lo más empático que puedes hacer es reconocer que estás agotado y necesitas preservar tu energía para las personas en tu vida inmediata que dependen de ti.

La clave es ser honesto contigo mismo: ¿Realmente estoy full, o solo no quiero que me incomoden?

Hay una diferencia entre "genuinamente no tengo el ancho de banda" y "no tengo ganas."

Uno es autopreservación. El otro es solo egoísmo.

Y a veces no sabrás cuál es cuál, sino hasta después. Eso también está bien.

Los pequeños gestos

Omoiyari no se trata de grandes demostraciones de bondad. No se trata de hacerte el héroe de la historia de alguien más.

Se trata de los pequeños ajustes que haces porque estás poniendo atención.

Detener la puerta para alguien que viene cargando cajas—pero sin hacerlos apurarse porque la estás deteniendo.

Mover tu bolsa del asiento vacío cuando el colectivo se está llenando—antes de que alguien te lo tenga que pedir.

Bajar tu música cuando notas que alguien cerca está tratando de concentrarse.

Cuando estás en un avión, ofrecer el asiento del pasillo a alguien más alto que tú y eres lo suficientemente chaparro como para que el espacio de piernas no te importe tanto.

Preguntarle a tu colega si necesita algo de la cafetería cuando vas a ir—no solo porque estés tratando de ser amable, sino porque ya vas de todos modos y cargar dos bebidas en lugar de una no te cuesta nada.

Estos momentos no te ganan puntos. Nadie lleva la cuenta. No hay examen de qué tan seguido anticipas las necesidades de otros.

Pero cambian la textura de la vida diaria. Para ti y para ellos.

Ahora estás constantemente consciente de la gente a tu alrededor.

Todos a tu alrededor.

Todos.

O sea, cada persona que ves... desde el momento que despiertas.

(¿Ya captaste la indirecta?)

Sí, en casa.

Aquí el punto más importante de todo el capítulo es reconocer que tu pareja de vida tampoco es un NPC.

No están ahí para cumplir el rol de pareja. Tienen una vida, deseos, metas, sueños—no para ti, sino suyos. Y a veces, si eres afortunado, esos sueños son CONTIGO en la foto.

Omoiyari con tu pareja se ve así: pedir su bebida favorita sin que te lo pidan. Cambiar el papel de baño antes de que se acabe—no dejarles los últimos pedazos para que sean ellos los que se queden atorados cambiándolo. Rellenar su botella de agua cuando ves que está vacía. Poner a cargar su teléfono cuando notas que tiene poca batería. Mover sus llaves del carro a donde las puedan ver cuando sabes que van tarde.

Pequeñas anticipaciones que demuestran, "Estoy poniendo atención a tu vida, no solo a la mía."

Eso es *omoiyari*.

O como diría Dean Martin, eso "es *amore*."

No esperar a que te pidan ayuda. Ojo, sin llevar la cuenta. No hay examen de quién hace eso más que el otro. Solo notar cuando están abrumados y actuar antes de que tengan que pedir apoyo.

Eso es lo que hace que las relaciones se sientan como sociedades en lugar de negociaciones.

Si no estás en una relación, voltea hacia tus padres. No están aquí solo para proveerte (déjame hago la referencia cliché de que no son tu cajero automático).

Omoiyari con tus padres se puede ver como invitarlos a cenar de la nada, tú invitas, solo porque sí. Llamarles para compartir algo chistoso que pasó, no solo cuando necesitas algo. Presentarte a ayudar con esa cosa que han estado posponiendo, sin esperar a que te lo pidan.

Pequeños actos que dicen, "Recuerdo que existen como personas, no solo como las personas que me criaron." Son personas. También tienen una lista de cosas que quieren hacer antes de partir.

¿Les has preguntado sobre su lista? ¿Hay algo en ella que podrías facilitar sin que te lo pidan?

Si aún los tienes junto, deberías compartir más con ellos. Y no solo la deuda de tu tarjeta de crédito.

Anticipando antes de que lo pidan

Estás checando tu espejo retrovisor. Ves un carro atrás de ti acercándose rápido. No esperas a que te echen las luces como si fuera sirena de ambulancia. Solo te mueves de carril antes de que te tengan que hacer señas, porque estás consciente de que esa persona trae prisa y puedes anticiparte.

Vas manejando en la carretera y de repente encuentras un embotellamiento. Prendes tus intermitentes como precaución. No hay regla de tráfico que lo requiera, pero estás pensando en la persona atrás de ti que quizás no ha notado que el tráfico adelante está parado. Claro, también es por tu propia seguridad, pero eso también es *omoiyari*— anticipar lo que alguien más podría necesitar saber antes de que se den cuenta que lo necesitan.

Pequeños momentos de crear espacio sin anunciarlos.

Y gradualmente, tu traslado cambia. No porque el tráfico mejore, sino porque estás activamente participando en hacerlo ligeramente menos conflictivo para todos los involucrados.

Ya no compitiendo. No en modo carrera. Solo coexistiendo. Anticipando. Haciendo espacio.

Eso es lo que haces con la consciencia de que otras personas no son NPCs.

Manejas como si importaran. Porque importan.

Y no hay examen de qué tan seguido recuerdas esto. A veces olvidarás. Estarás estresado y le contestarás mal a alguien que no se lo merecía. Irás de prisa y no crearás espacio cuando pudiste haberlo hecho.

Eso es normal.

¿Pero las veces que recuerdas? ¿Esos momentos cuando pausas y creas espacio y el día de alguien se hace ligeramente más fácil porque estabas poniendo atención?

Esos se acumulan.

No en ninguna boleta oficial. No hacia ninguna calificación.

Solo kilómetros en el odómetro de todos. Incluyendo el tuyo.

Y a veces ese acto callado de anticipar la necesidad de alguien sin que tengan que pedir se convierte en el momento que recuerdan años después cuando van en su traslado.

La persona que los dejó incorporarse. El extraño que detuvo la puerta. El momento en que alguien los vio batallando, y ayudó sin hacer de ello una producción.

Quizás ni recuerdes haberlo hecho.

Pero ellos recordarán que alguien lo hizo.

Y quizás la próxima vez, crearán espacio para alguien más.

No porque estén tratando de pagar el favor o balancear algún libro cósmico.

Solo porque recuerdan cómo se sintió que alguien anticipara sus necesidades y les correspondiera con cuidado, discretamente, y con consideración.

Eso es *omoiyari*.

Ese es el arte de ver a otros.

Y es lo que hace que la carretera se sienta un poco menos como una competencia y un poco más como un viaje compartido, incluso cuando todos estamos atorados en este embotellamiento.

Capítulo 15

LAS SEÑALES DE ALTO EXISTEN POR UNA RAZÓN

Okay, ya sabemos que no hay examen. No hay sistema de calificaciones. No hay competencia que necesites ganar. No hay juez evaluando tu ruta contra la de todos los demás.

Pero SÍ hay reglas. Bienvenido al mundo real—tiene reglas, e ignorarlas no las hace desaparecer.

Antes de que pienses que acabo de contradecir toda la premisa del libro, déjame explicar. Las leyes de tránsito existen. Semáforos en rojo. Límites de velocidad. Señales de alto. Líneas de carril. No están ahí para calificar tu desempeño o clasificarte contra otros conductores. Están ahí para que no choquemos entre nosotros.

Puedes tomar cualquier ruta que tu quieras. Puedes ir a tu propia velocidad. Puedes cambiar de carril cuando necesites. Pero no puedes pasarte los altos y atravesar intersecciones porque "no hay examen." Eso no es libertad—eso es caos.

El derecho a todo

Algunas personas dicen que el hecho de sentirse con "derecho a todo", especialmente en redes sociales, es algo generacional. Pero déjame decirte que este no es un rasgo de edad específica. Todos estamos haciendo esto, subconscientemente o no. Todos somos el personaje principal de nuestra propia historia (lo cual somos).

Pero algunas personas no saben manejar cuando la historia de alguien más toma el escenario central por cinco minutos. Si ellos son el protagonista, se supone que tú eres el fondo. Cuando ven que posteas sobre TU vida, sienten que han sido degradados a personajes secundarios.

Entonces secuestran el momento. Redirigen la atención. Hacen tu post sobre ellos. Y lo chistoso es que no saben que nos dimos cuenta. No se dan cuenta de que podemos ver a través de sus intenciones de manejo.

Absolutamente tienes derecho a vivir tu vida. Postea tu desayuno. Comparte tus victorias. Celebra tus logros. Pero no tienes derecho a meter tu vida en el momento de alguien más y exigir la misma atención.

Si alguien está celebrando, déjalos celebrar. Si alguien está de luto, déjalos estar de luto. Si alguien está compartiendo alegría, no respondas con tu currículum de alegría superior. Son reglas no escritas.

No porque haya un examen sobre ser solidario, sino porque SÍ hay personas en esta carretera, y tienen derecho a sus momentos igual que tú tienes derecho a los tuyos.

Las reglas no escritas

¿El equipo de deportes de alguien gana? Déjalos disfrutarlo. Tampoco les quites mérito culpando a los jugadores del equipo perdedor. No pivotees inmediatamente a, "Bueno, MI equipo ha ganado más campeonatos." Su momento no se trata de ti.

¿Alguien recibe un aumento en el trabajo? Celébralo. No pienses, "¿Por qué ellos, y no yo?" No están quitando ese incremento de tu salario. Su éxito no restó de tu quincena. "Déjalos" tenerlo.

¿Alguien comparte algo de lo que está orgulloso? Déjalos estar orgullosos. No necesitas superarlos. No necesitas criticar. No necesitas hacerlo sobre ti. No hay examen de quién está más orgulloso.

La única vez que debes mirar hacia abajo a alguien es cuando los estás ayudando a levantarse.

— NEIL DEGRASSE, *STARRY MESSENGER*, 149

Esto aplica a socavar los momentos de otras personas. El tamaño de tus logros solo es relativo a ti, no a ellos. Tus emociones solo son relativas a ti, no a ellos. No tienes que disminuir las acciones de alguien solo porque piensas que las tuyas son mejores. No eres superior a ellos en emociones o posesiones.

No porque estés siendo calificado por amabilidad (no lo estás), sino porque estás compartiendo la carretera con otros humanos que también son el centro de sus propias vidas. Y su vida merece el mismo respeto que esperas tener para la tuya. Sus decisiones. Sus momentos. Incluso su libertad:

La lección de Cecilia Giménez

Hace años, quizás escuchaste esta historia. Una curadora de arte llamada Cecilia Giménez intentó restaurar la pintura *Ecce Homo* en su iglesia local. Salió mal. Muy mal. El internet explotó. Memes por todos lados.

Pero luego pasó algo más oscuro: la gente exigió que enfrentara cargos criminales. Querían que la procesaran. Algunos querían que la encerraran.

Cárcel.

Por una mala restauración de una pintura.

Reflexiona eso. Personas que decían amar el arte, que posteaban sin fin sobre la importancia de preservar la cultura y respetar la historia, estaban dispuestas a destruir la libertad de un ser humano por una pintura.

Entiendo que el arte tiene valor. Entiendo que la preservación cultural importa. Pero el deseo de castigar la vida de alguien, de valorar una pintura sobre su libertad, me pareció una locura.

Me hizo pensar en lo que realmente valuamos cuando decimos que valoramos el arte:

Si vieras en el Louvre una copia perfecta y exacta de la Mona Lisa, indistinguible de la original, no vas a "sentir lo mismo" si te confirman que es una réplica. ¿Verdad?

Pero, ¿por qué no? Digo, la experiencia visual es idéntica. La técnica, la composición, los colores—todo está ahí.

Valoramos el hecho de que un humano en específico lo hizo. Que las manos reales de Leonardo da Vinci tocaron ese lienzo hace siglos.

Hoy, con la inteligencia artificial generativa, puedes crear arte magnífico en cada estilo. Técnicamente impecable. Estéticamente impresionante. Pero no lo alabamos de la misma manera, obviamente, porque un modelo de inteligencia artificial lo generó.

Estoy empezando a creer verdaderamente que no apreciamos realmente las piezas de arte. Definitivamente apreciamos a los humanos capaces de crear arte con sus manos, pero no la pieza final en sí.

Entonces cuando la gente exigió que Cecilia enfrentara tiempo en prisión, revelaron algo: su apego a una pintura que muchos ni conocían una semana atrás, importaba más que su humanidad. Se convirtió en un NPC en su historia sobre proteger el arte. Una villana que castigar. Un símbolo usado para hacer un ejemplo.

Doña Cecilia tenía 81 años cuando pasó el incidente. Donaba su tiempo para ayudar a su iglesia. No lucró. No vandalizó nada. Solo... falló en algo que intentó de buena fe.

La práctica de los tres carros

Aquí hay algo práctico que vas a hacer empezando desde hoy.

Durante tu día: deja que tres carros se incorporen adelante de ti.

No dos. No cinco. Tres.

¿Por qué tres específicamente? Hay psicología detrás de esto. Cuando las tiendas venden huevos por docena, la gente aprende a comprar doce. No once. No trece. El número se convierte en el estándar. Se llama el efecto de anclaje en marketing. El primer número que encuentras se convierte en tu punto de referencia.

La teoría del empujón nos muestra que pequeños prompts "muy específicos" son más efectivos que sugerencias vagas. Si te digo "sé amable", no se te queda. Si te digo "deja que tres carros se incorporen", puede ser que sí.

Y también está el principio de escasez en esta dinámica. Tres se siente manejable, no infinito. Es suficiente para ser intencional pero no tantos que se sienta como una carga que dejarás de hacer después de una semana.

Tres carros durante todo tu traslado. Tres pequeños gestos durante tu día. Tres momentos donde creas espacio para alguien más.

No porque haya un examen de bondad diaria. Sino porque la práctica cambia algo en ti.

Cuando dejas que los tres carros se incorporen, no solo los estás ayudando, te estás recordando que no son NPCs. Tienen algún lugar al que ir. Están estresados por ir tarde. Necesitaban el hueco que acabas de crear.

Esto no es solo para ellos. Es para ti. Es la práctica de consciencia que te evita caer de vuelta en el pensamiento NPC, donde todos a tu alrededor son solo escenografía en tu traslado.

Tres. No cuatro. No siete.

No porque sea un número mágico, sino porque es lo suficientemente específico para recordar y lo suficientemente pequeño para realmente hacerlo.

Algunos días olvidarás y solo harás uno. Pero cuando recuerdas, cuando conscientemente creas espacio tres veces durante tu día, ahí es cuando la carretera deja de sentirse como una competencia y empieza a sentirse como una comunidad de personas todas tratando de llegar a algún lugar.

Tres carros. Tres gestos. Tres momentos de reconocer que la ruta de alguien más importa tanto como la tuya.

Empieza hoy.

El oxímoron cruel

"Me importas tanto que no me importa tu vida diaria."

Eso hasta sonó feo, ¿verdad? Es todo lo contrario.

La felicidad no es preocuparte por sentirte superior a otros o hacerlos sentir menos que tú. No es relativa. La felicidad es vivir tu vida sin necesidad de medirla contra el tablero de todos los demás.

Me importas lo suficiente como para querer que vivas bien. Me importas lo suficiente para respetar tu ruta. Me importas lo suficiente para dejarte tomar tus propias decisiones y celebrar tus propias victorias.

Pero no necesito ni quiero monitorear tu vida. No necesito competir con tus logros. No necesito tu validación de mi ruta ni tu permiso para tomar la mía.

No es indiferencia. Es respeto.

La colonia de hormigas

Las hormigas siguen reglas. No porque haya una policía de hormigas calificando su desempeño, supongo, sino porque la colonia solo sobrevive cuando todas respetan el sistema.

Ninguna hormiga exige la mejor comida. Ninguna hormiga secuestra el camino de otra hormiga para hacerlo sobre ellas. Ninguna hormiga se niega a contribuir, exigiendo un "¿qué hay para mí?" No se sacrifican por reconocimiento o alabanza. Solo siguen las reglas colectivas que mantienen funcionando a la colonia.

Somos más inteligentes que las hormigas. Podemos cuestionar. Podemos preguntar, "¿Por qué debería seguir estas reglas?" Podemos calcular si respetar el momento de alguien más sirve a nuestros intereses. Podemos decidir que nuestra necesidad de atención es más importante que el derecho de alguien más a su logro.

Pero quizás eso no es el alardeo que creemos que es.

Si estamos compartiendo esta carretera, este embotellamiento, si estamos viviendo en este planeta juntos, no solo necesitamos, queremos seguir nuestras reglas. No porque haya un examen sobre seguirlas, sino porque sin ellas, solo somos millones de individuos chocando entre nosotros constantemente.

Las hormigas lo descubrieron. Nosotros también deberíamos.

Las reglas no te están calificando

Las leyes de tránsito no juzgan tu ruta. Solo se aseguran de que no choques con alguien mientras la tomas.

Lo mismo con estas reglas sobre respetar a otros. No están midiendo tu desempeño como humano. No te están clasificando en una tabla de posiciones de amabilidad. Lo sé—se siente injusto. Pero a las señales de alto no les importa tu horario. Solo están diciendo: tu ruta es tuya, su ruta es suya, y ambas pueden existir sin colisión si respetas el espacio entre ustedes.

No necesitas ser perfecto en esto. Se te permite tu coraje al volante. Se te permite tu frustración cuando alguien te cierra. Se te permite no siempre estar de humor para dejar que la gente se incorpore.

Pero cuando te pasas de listo y tratas de brincarte la fila para luego pedirle permiso al carro de hasta adelante para meterte y entrar a la avenida, cuando haces el momento de alguien sobre ti, cuando estás exigiendo atención como un derecho en lugar de ganarla a través de conexión genuina, cuando estás tratando a las personas como NPCs en tu historia en lugar de protagonistas en la suya, esas no son violaciones de un examen, esas son violaciones de las reglas no escritas que estamos discutiendo aquí que nos permiten a todos compartir esta carretera sin colisión constante.

La oración de la Gestalt

Fritz Perls, el fundador de la terapia Gestalt, escribió un poema que probablemente debería estar impreso en señales de carretera:

Yo soy Yo y Tú eres Tú.

Yo no estoy en este mundo para cumplir tus expectativas

Tú no estás en este mundo para cumplir las mías.

Tú eres Tú y Yo soy Yo.

Si en algún momento o en algún punto nos encontramos, será maravilloso.

Si no, no puede remediarse.

Falto de amor a Mí mismo

cuando en el intento de complacerte me traiciono.

Falto de amor a Ti

cuando intento que seas como yo quiero

en vez de aceptarte como realmente eres.

Tú eres Tú y Yo soy Yo.

— FRITZ PERLS

Eso es todo. Esa es toda la filosofía en doce líneas.

Tú tomas tu ruta. Yo tomo la mía. Si nuestros caminos se cruzan y viajamos juntos por un rato, increíble. Si no, también está bien.

¿Pero mientras estamos compartiendo la carretera? Sigamos las reglas. Respetemos los espacios del otro. Dejemos que la gente tenga sus momentos. No nos pasamos los altos ni asumimos que todos los demás nos acomodarán.

No hay juez viendo si eres lo suficientemente bueno.

Pero SÍ hay personas. Y no son decoraciones en tu ruta. Están en sus propias rutas, y esas rutas son tan reales como la tuya.

Respeta las reglas. No porque vayas a ser calificado por ello, sino porque así es como todos llegamos a donde vamos sin destruirnos mutuamente en el camino.

Parte Seis

EL CAMINO ABIERTO

La carretera se abre, manejamos a tu propia velocidad

Capítulo 16

HOY ES EL 100%
DE TU TRASLADO

Durante mi cumpleaños 45, recuerdo haberme sentido genuinamente orgulloso. No porque hubiera logrado alguna lista de pendientes o alcanzado algún hito. Sino porque pensé, de manera optimista, que estaba en el pico de mi vida. A la mitad. A medio camino.

Me preguntaba: "¿Me siento viejo?" Nel. Apenas voy a la mitad de mi vida. Esperando vivir unos 90 años, ¿no? Eso se sentía bien. Eso se sentía como control.

Luego empecé a notar algo.

Gente a mi alrededor estaba muriendo a lo que todos llaman "edad joven." Amigos cercanos. Celebridades. Atletas. Accidentes trágicos. Pandemia. Gente que admiraba.

Paul Walker. Soy muy fan de la franquicia de las películas Rápido y Furioso. Murió en un trágico accidente de carro. Así de repente.

Kobe Bryant. Murió en un traslado estándar. Ni siquiera en una acrobacia extrema de helicóptero. Solo yendo a algún lugar con su hija.

Matthew Perry. Personaje icónico en Friends. Chandler el rey del sarcasmo en la televisión. Sobredosis.

Incontables amigos y familiares cercanos durante COVID.

Y el darme cuenta de que para ellos eso fue todo. Esa fue toda su vida.

No a la mitad. No "todavía le quedaban 30 años." Eso fue el 100% de lo que vivieron.

Luego leí un artículo sobre una técnica de contar tus veranos hacia atrás, literalmente, para sacar el máximo de los que te quedan: "¿Cuántos Veranos Te Quedan?" Tomas tu edad, la restas de 80 o 90, y esos son tus veranos restantes. ¡Más vale que los hagas contar!

¿Mi reacción inmediata? La odié.

No solo odio el vivir bajo presión. Eso no es vivir para nada.

Porque lo que pasa si vives en cuenta regresiva es que vas de viaje pero si algo sale mal—si se te poncha una llanta y no llegas a tu destino—ese momento se te vuelve miserable. "Perdiste" tu ventana de oportunidad. Ahora tienes que reacomodar todo, o vivir con la culpa de que esta experiencia "no contó."

(Pero sí contó. Se te ponchó una llanta. Conociste gente en el pueblo más cercano que te ayudó. Viste cómo su vida es más lenta que la tuya. Cómo sus mentes solo están pensando en el próximo domingo porque es cuando hay baile en el kiosco público en la plaza del pueblo.)

Eso también es vivir. Descubrir nuevas experiencias. Pero si estás compitiendo contra una cuenta regresiva, te lo pierdes completamente. Estás muy ocupado por estar enojado por el retraso.

¿Presionarte de tener 15 veranos restantes? ¿30 veranos restantes? No, ese enfoque es lo peor.

Entonces, empecé a preguntarme. A reflexionar. Tratando de refutarlo: espérate, ¿por qué estás tan seguro de que vas a vivir hasta los 85?

"Porque esa es la estadística."

Okay, pero las estadísticas son solo una explicación de lo que ha pasado. Por eso estadística y probabilidad están cerca pero no son lo mismo. Las estadísticas te dicen lo que ocurrió en el pasado, el desempeño. No predicen TU futuro específico.

Qué ingenuos al ponernos en la misma bolsa que una estadística basada en gente al azar—gente que solo murió de causas naturales, porque usualmente los accidentes son valores atípicos que se excluyen de la estadística—gente que vivió rutas completamente diferentes a las nuestras?

Ahí fue cuando empecé a tratar de verlo de otra forma.

La Falacia de la Cuenta Regresiva

¿Recuerdas? Tú eres el estándar. Tu vida, tu ritmo, tu ruta.

¿Pero ese promedio de "80 años" o "90 años"? Viene de millones de personas que vivieron rutas completamente diferentes a la tuya. Diferente genética. Diferentes hábitos. Diferentes vehículos. Carreteras completamente diferentes.

Algunos de nosotros estamos constantemente en la autopista—alta velocidad, alto estrés, quemando combustible. Algunos de nosotros vamos en una carreta subiendo desde el rancho hasta nuestra casa en la sierra—paso lento y constante, con mínimo desgaste.

Manejamos carros muy diferentes a ritmos muy diferentes.

No eres una hormiga. No somos una especie que se comporta idénticamente, donde podrías razonablemente predecir la esperanza de vida de todos basándote en el promedio de la colonia—con algún pequeño margen de error.

Tu ruta es tuya. Tu vehículo es tuyo. Tu ritmo es tuyo.

Contar "25 veranos restantes" hacia atrás, basándote en la lectura del odómetro de alguien más, no tiene sentido. No sabes cuántos veranos te faltan. Nadie sabe. Podrían ser 50. Podrían ser 5. Podría ser sólo uno más.

Lo que SÍ tienes es este verano. Ahora mismo. Y cuando llegue el próximo verano, ahí también tendrás ese.

Sintiendo Que Vas Tarde

Tenía 32 años cuando le pedí a Silvana que fuera mi novia. 25 de octubre del 2009. Nos comprometimos exactamente un año después— misma fecha. Nos casamos el 22 de octubre del 2011.

Antes de Silvana, tuve dos novias. La primera duré como tres semanas cuando tenía 17. La segunda duré mes y medio cuando tenía 20.

Eso significa que pasé 12 años "sin novia." Y en mi ciudad natal, donde todos se casan como a los 25, estaba muy atrasado en la vida. Estaba muy atrás en la agenda convencional.

Un amigo me dijo—como justificación de por qué se estaba casando en sus 20s—"Necesitas casarte en tus 20s para poder jugar con tus hijos en tus 30s." Estaba tan seguro de que esa era la manera correcta, porque en tus 40s, ya no puedes correr de la manera que puedes en tus 30s.

¿Según cuál línea de tiempo? ¿Según la ruta de quién? ¿Por qué no podría jugar con mi hijo en mis 40s?

No me casé en mis 20s. Me casé a los 34. ¿Y sabes qué? Todavía puedo y me pongo a jugar con mi hijo. La línea de tiempo que mi amigo impuso—la que me hacía sentir atrasado—era completamente arbitraria. Funcionó en su ruta. No tenía nada que ver con la mía.

Esa es la trampa de medir tu odómetro contra el viaje de alguien más.

Toda Mi Vida Lo He Hecho

Piensa en cómo funciona esa frase.

Cuando tienes 15 años y dices, "He andado en patineta mi vida entera," quieres decir los 15 años. Ese es el lapso completo de tu existencia, y la patineta ha sido parte de ella todo el tiempo. El 100% de tu vida entera.

Cuando tienes 40 años y dices, "He trabajado en tecnología toda mi vida," quieres decir 40 años (o lo que haya durado tu carrera, tus 25 años efectivos de trabajo). Ese es tu 100% del viaje profesional.

Tu odómetro muestra la distancia completa que has viajado. Completita. Esa distancia no es solo un pedazo de algún total predefinido—eso es el todo. Toda tu vida, ahí en el tablero. No dice que llevas 15,000 de 90,000 kilómetros.

A los 15, toda tu vida fueron 15 años. A los 26, toda tu vida son 26 años. A los 48, toda tu vida son 48 años. Eso es tu 100%. No 60% esperando el 40% restante. No vas a medio camino de alguna línea de meta imaginaria.

El Reinicio al 100%

Aquí es donde se pone interesante.

La mayoría de la gente piensa en la vida como una batería drenándose. Empiezas al 100%, y cada año que pasa, pierdes un porcentaje. A los 50, estás a la "mitad" de tu vida. A los 75 años, ya estás en el "último tramo."

Pero así no funciona tu odómetro.

Tu odómetro no cuenta hacia atrás. Cuenta hacia adelante.

Cada kilómetro que manejas se suma a tu total. Cada año que vives se vuelve parte de tu viaje completo. No estás perdiendo vida—la estás acumulando.

A los 26 años, tu vida no es "26 de un posible 80." Tu vida SON 26 años. Eso es 100% de lo que has vivido. Esa es la medida completa de tu existencia hasta ahora.

Cuando cumples 27, no te conviertes en "27 de 80." Te conviertes en 27 años—tu nuevo 100%. Tu referencia se reinicia. Tu vida completa ahora es un año más larga.

Esto no es semántica. Esto cambia cómo experimentas el tiempo.

Cuando cuentas hacia atrás ("Me quedan 25 veranos"), cada verano que pasa se siente como una pérdida. Estás quemando un recurso limitado. La cuenta regresiva crea ansiedad, urgencia, presión. Estás compitiendo contra un reloj que puede que ni siquiera aplique a ti.

Cuando cuentas hacia arriba ("Este es el verano número 48 para mí"), cada verano que llega es un regalo. No perdiste nada—ganaste uno nuevo. Y cuando llegue el próximo verano, se volverá parte de tu nuevo 100%.

Obtienes un verano extra cada año. Y una vez que lo has experimentado, se vuelve parte de tu 100% completado—no una deducción de algún total arbitrario, sino una adición a tu vida real.

Cada Mañana Que Despiertas

Cada vez que despiertas, estás siendo bendecido. Estás aquí, y puedes tomar un nuevo viaje.

Hay gente ahora mismo en trincheras de guerra que solo esperan llegar al siguiente día. Hay gente sin hogar esperando pasar el día sin morirse de hambre. Hay gente en países opresivos o en guerra esperando llegar a mañana, o solo tratando de disfrutar el momento porque un ataque repentino podría caerles en cualquier minuto.

No estoy siendo catastrófico. Esta es la realidad para millones de personas.

Pregúntales si sienten que están a la mitad de su línea de tiempo.

Tu habilidad de tan solo pensar en un mañana, ya es un privilegio. Entonces si quieres pensar en el futuro, aquí hay una mejor técnica, que andar contando veranos hacia atrás, que quizás no tengas.

El Objetivo del 5%

Estás en tu 100% ahora mismo. Pero digamos que quieres pensar en el futuro. Digamos que quieres apuntar a algo más allá de hoy.

En lugar de contar hacia atrás desde un número arbitrario, apunta a un 5% extra más allá de tu 100% actual.

No un 20%. Ni un 30%. Solo 5%.

¿Tienes 40 años? Tu 100% son 40 años. Apunta a un 5% extra—eso son 2 años más para mantenerte saludable, cuidarte, tomar decisiones que apoyen tu cuerpo y mente. Puedes visualizar cómo quieres pasar los próximos 2 años de tu vida laboral. Ese 5% extra es muy razonable. Puedes manejarlo. Ya sabes cómo vivir—lo has hecho por 40 años. Agregar solo 5% más parece factible.

Pero la belleza de la técnica del 5% es que entre más viejo te pones, más grande se vuelve ese 5% en términos absolutos, pero más equipado estás para manejarlo. El porcentaje es relativo a tu edad.

5% de 20 años es 1 año. 5% de 60 años son 3 años. 5% de 90 años son 4.5 años.

El número crece, pero también tu competencia.

Y tu sabiduría.

Has pasado toda tu vida aprendiendo cómo cuidarte, cómo navegar tu ruta, cómo manejar tu vehículo. Cada año extra te hace mejor en ello.

Y cuando alcanzas ese 5% extra, no se queda en "5% extra." Se convierte en parte de tu nuevo 100%.

Si tienes 40 y apuntaste a 42, cuando llegas a 42, eso no es "105% de tu vida predicha." Ese es tu nuevo 100%. Tu vida completa. Tu lectura completa del odómetro.

Puedes hacerlo 10% en lugar de 5%. El principio es el mismo. El punto es que no estás persiguiendo alguna línea de tiempo externa. Estás construyendo sobre lo que ya has logrado. Y cada día que vives se convierte en parte de tu 100% completado, no un porcentaje deducido de algún total imaginario.

Tu Futuro Yo Es Dueño de tu Futuro 100%

Aquí está la parte que es difícil de explicar, pero crucial de entender:

No tienes "cosas sin lograr" atoradas en tu 100% de hoy.

Tu vida ahora mismo—tu 100%—está completa. No le falta nada. No has fallado en cosas que "deberías haber hecho ya" porque este 100% es lo que realmente has hecho, no lo que piensas que deberías haber hecho.

Tu 100% es lo que te ha definido como persona.

Eso es lo que eres. No eres los planes en tu futuro que no han ocurrido todavía.

Tu futuro YO será dueño de tu 100% del futuro. No tu YO de ahorita.

Si hay algo que quieres hacer, algo que quieres experimentar, algo que quieres lograr—eso pertenece al odómetro de tu futuro YO. Cuando llegues ahí, entonces se volverá parte de ese 100%. Pero no es que esté ausente de este 100%, porque repito, tu 100% actual está completo como está.

No tienes ideas para el futuro. Esas ideas están aquí en tu presente —ya las tienes. Tendrás ideas diferentes en el futuro, pero todavía no vives ahí. Vive hoy. Decide qué ideas tienen sentido y hazlas hoy, porque esas son tus ideas presentes. Las ideas futuras le pertenecen a tu futuro yo.

Deja de medir lo que no has hecho todavía contra una línea de tiempo imaginaria. Deja de pensar, "Tengo 35 y ya debería haber [comprado una casa / tenido hijos / empezado un negocio / viajado por el mundo]."

¿Ya debería según quién? ¿Según qué línea de tiempo? ¿Según cuál ruta?

Tu ruta es tuya. Tu 100% es lo que has vivido, no lo que piensas que se suponía que deberías vivir. Y cuando hagas esas cosas—si es que las haces, no hay obligación—se volverán parte de tu 100% futuro, que estará igual de completo que tu 100% actual.

Cómo Se Ve Vivir al 100%

Un amigo mío estaba viviendo en modo de cuenta regresiva. Estresado. Siempre planeando. Siempre midiendo. Siempre sintiéndose atrasado.

Compartí esta perspectiva con él. El concepto del 100%. La idea de que ya está completo ahora mismo.

Me dijo después que el estrés salió de su sistema. Estaba viviendo en un futuro que todavía no está aquí. Empezó a vivir en el ahora.

Ahora se permite no hacer nada todo un día si no quiere. No hay cuota que tenga que cumplir.

Yo también he estado ahí. Hubo un tiempo en que me despertaba a las 4am para pujar por unos Air Jordan 1 en eBay. ¿Corriendo contra qué? ¿Alguna fecha límite imaginaria? Como si se me estuviera acabando el tiempo para "completar" una colección de tenis que no tenía línea de meta real. Mi compulsión ya tenía 34 pares, pero no podía ver que ya estaba completo. Estaba contando lo que todavía necesitaba conseguir en lugar de lo que ya había acumulado. Esa urgencia—esa presión de cuenta regresiva—estaba creando el estrés.

Y mientras escribo este libro, puedo abrazar aún más que este es mi 100%. Dejar hoy este mensaje de "no hay examen" escrito es la manera más tangible de trascender años después de que me vaya.

Estoy completamente consciente de que estoy en mi 100%. De que mañana no está garantizado. Y mi alma estaría decepcionada si no hubiera terminado este libro antes de irme.

Y si alguien toma esto y lo renueva o lo refuta y lo hace mejor para la sociedad, aún así estoy trascendiendo—porque ayudé a crear lo que no necesita hacerse.

Sí, eso suena fatalista. Pero incluso mi ego queriendo terminar este libro está consciente: estamos en nuestro 100% ahora mismo.

Mira tu odómetro ahora mismo. ¿Cuántos años muestra? Eso no es una fracción de algún total predicho. Eso no es un número "X de Y." Ese es tu viaje completo hasta ahora. Eso es 100% de tu vida.

No venden carros con odómetros contando hacia atrás o con un límite de kilometraje. Siempre cuentan los kilómetros hacia arriba.

Cada kilómetro detrás de ti es parte de tu viaje. No preparación para tu viaje. No la "fase de preparación" antes de que tu "vida real" empiece. Los kilómetros que ya has manejado SON tu vida.

¿Los años que pasaste en la escuela? Parte de tu 100%. ¿Las relaciones que no funcionaron? Parte de tu 100%. ¿Los trabajos que probaste y dejaste? Parte de tu 100%. ¿Los lugares donde viviste? Parte de tu 100%. ¿Los errores que cometiste? Parte de tu 100%. ¿Las cosas de las que estás orgulloso? Parte de tu 100%.

Todo. Cada kilómetro. Este es tu viaje. Y está completo.

Cuando agregas más kilómetros, no completas el viaje. Lo expandes. Tu viaje ya estaba completo. Ahora está completo sobre una distancia más larga.

Ese es el cambio.

No se te está acabando la vida. La estás acumulando. No estás a la mitad de la línea de meta. Estás al 100% del viaje que has vivido hasta ahora. Y mañana, estarás al 100% de nuevo, con un día más agregado.

No hay examen calificando si has manejado lo suficientemente lejos todavía. No hay boleta midiendo si tu lectura del odómetro es "buena" o va "atrasada."

Solo está tu odómetro. Tus kilómetros. Tu 100%.

Y cada mañana que despiertas, ese número sube, nunca baja.

Hoy es el 100% de tu vida. Mañana será tu nuevo 100%. Deja de contar hacia atrás veranos que quizás ni tengas. Empieza a contar hacia arriba los que vas alcanzando.

Capítulo 17

OJOS EN EL CAMINO

Estás en el camino correcto, yendo en la dirección correcta, progresando—pero tus ojos todavía pueden estar en otro lugar.

Viendo la pantalla. Checando notificaciones. *Scrolleando* por la ruta de alguien más cuando se supone que debes estar navegando la tuya.

Literalmente, mientras manejas. Pero esto también es una realidad en cada parte de nuestras vidas.

Puedes estar exactamente donde necesitas estar y aun así perdértelo por completo. Porque estar físicamente presente y realmente estar presente no son lo mismo.

Las Barreras Que Ayudan

Cuando me subo al carro, abro Waze—una app de navegación que te muestra la ruta, patrones de tráfico, y dónde están pasando accidentes. Es como Google Maps, con actualizaciones en tiempo real de otros conductores. Pongo mi destino para ver el tiempo estimado de llegada, y luego coloco mi teléfono en el tablero en un soporte magnético que va en las salidas de aire. La parte peculiar de esto es que giro mi teléfono y lo pongo de forma horizontal en lugar de dejarlo vertical.

La razón por la que empecé a hacer esto fue que cuando el Waze está en modo horizontal, obtienes una vista más amplia del mapa. Tienes una mejor perspectiva panorámica. Puedes ver más de lo que viene—te ayuda a entender la ruta adelante con más profundidad.

Pero seguí haciéndolo por una razón diferente.

Cuando el teléfono está horizontal y llega un mensaje de texto, el área de respuesta de texto ocupa toda la pantalla si intentas responder. Es un desmadre. El teclado bloquea todo. Hace que *textear* mientras manejas sea lo suficientemente inconveniente como para que no me moleste en hacerlo.

Me estoy creando una barrera. No dependo solamente de mi fuerza de voluntad—construí un sistema donde la decisión incorrecta se vuelve más difícil de tomar que la correcta.

La fuerza de voluntad es finita. Se agota. Especialmente al final de un día largo cuando estás cansado y estresado y esa notificación de texto suena. Quizás tengas la disciplina para ignorarla una vez, dos veces, quizás diez veces. Pero eventualmente, la vas a checar. La fuerza de voluntad por sí sola no es suficiente contra la tentación constante de la distracción.

Por eso necesitas barreras. Sistemas que funcionan incluso cuando tu fuerza de voluntad no coopera.

Y cuando no estoy distraído tratando de *textear*, o checando quién me acaba de mandar mensaje, o mirando fijamente la cuenta regresiva del tiempo estimado tratando de vencer mi hora de llegada estimada, realmente puedo poner atención a lo que está pasando a mi alrededor.

Tu Camino o el de Alguien Más

Pero la mayor parte del tiempo, no construimos barreras. Solo *scrolleamos*.

Por las vacaciones de otras personas. Los logros de otras personas. Los momentos cuidadosamente curados de otras personas que hacen que su ruta se vea mejor que la tuya.

Estás sentado en tu carro, manejando tu ruta. Y estás viendo el highlight reel de todos los demás en su lugar.

Piensa en el hijo de tu amigo. El niño más feliz que conoces, ¿verdad? Siempre sonriendo en las fotos. Cada foto en redes sociales los muestra riendo, jugando, pasándola increíble.

Ves quizás cinco minutos de su día—la fracción que sus padres eligieron compartir. Y asumes que ese niño se ríe todo el día. Su vida es pura alegría. Que tu amigo descubrió algún secreto de crianza que tú no conoces.

Pero no ves el berrinche que pasó cinco minutos antes de la foto. El berrinche por el vaso del color equivocado. El drama a la hora de dormir. Los momentos que no se postean.

Estás viendo los caminos de otras personas, pero solo estás viendo las partes que eligieron mostrarte. Ni siquiera sus caminos reales. Sus versiones editadas.

Y mientras estás viendo sus caminos editados, te estás perdiendo el tuyo.

Quizás te estás perdiendo el tuyo a propósito. Quizás tienes los berrinches en casa, la pelea a la hora de dormir, el caos que no se fotografía bien. Y *scrollear* de vuelta al niño más feliz del mundo te reconforta. Te recuerda que las vidas de otras personas se ven más fáciles, mejores, más ordenadas de lo que la tuya se siente ahora mismo.

Lo irónico es que tenemos tanto miedo de perdernos lo que todos los demás están haciendo que nos perdemos lo que estamos haciendo nosotros.

Estás detrás del volante de tu propia vida, y estás mirando fijamente el tablero de alguien más.

La Hora Que Más Importa

Probablemente has oído de la UCI en los hospitales—unidad de cuidados intensivos. Pero también hay un lugar con el acrónimo UCIN. La N es por Neonatal. Cuidados intensivos para recién nacidos.

Es un lugar especial. Filas de incubadoras. Bebés diminutos conectados a monitores y tubos. Enfermeras que se mueven con una precisión tan cuidadosa, como si estuvieran manejando la cosa más frágil del mundo. Porque lo están haciendo.

Todos en esa unidad tienen un solo enfoque: ayudar a estos bebés a crecer, ayudarlos a luchar, ayudarlos a lograrlo.

En 2017, mis hijos nacieron prematuramente. Pasamos 78 días en la UCIN.

Setenta y ocho días de aprender una nueva comunidad—los otros padres compartiendo ese espacio, los doctores, el personal, y especialmente las enfermeras. Llegas a conocer a la gente de maneras que no esperas cuando todos están juntos en la unidad.

Como padre, tienes permiso de pasar tiempo en la UCIN con tus hijos, pero hay una restricción: cuánto tiempo. Varía por hospital, porque los recién nacidos—principalmente prematuros—no pueden estar expuestos al mundo exterior demasiado. En promedio, solo se te permite visitar una hora al día.

Una hora.

Eso es lo que te toca. Una hora para estar ahí, verlos a través de la incubadora, cantarles, contarles sobre tu día, sobre cómo estás preparando su cuarto en casa. Todas las cosas que no puedes esperar para hacer con ellos una vez que estén lo suficientemente fuertes para salir.

Después de que un prematuro alcanza sus metas de peso y tamaño, después de que sus órganos internos se desarrollan lo suficiente, los pasan a cuidados intermedios. Ahí es cuando finalmente puedes cargarlos. Terapia de pecho a pecho—contacto de piel, calor, latido del corazón. La conexión más básica y primitiva entre padre e hijo.

Pasé esas horas completamente inmerso. Viendo cada pequeño movimiento. Planeando la vida que íbamos a tener una vez que lleguemos a casa.

Pensarías que esto es obvio, ¿verdad? Una decisión fácil de mantener tus ojos en el camino. Pero no lo era.

Una vez vi a un papá en la silla junto a mí. Su bebé estaba en su regazo durante su hora de pecho a pecho. Y él estaba en su teléfono viendo un partido de fútbol.

Recuerdo gritar dentro de mi cabeza: ¡tu bebé está ahí mismo! En tu regazo. Solo te toca una hora al día. ¿¡Y estás viendo un partido!?

No estoy juzgando toda su crianza en general. No conozco su historia completa. Nuestros contextos eran obviamente diferentes. Yo era papá primerizo—quizás ese era su tercer hijo. Yo luché con conteo y motilidad de esperma, y por eso, nuestro embarazo duró 5 años, no los 9 meses estándar. Así que quizás yo estaba más agudamente consciente de lo preciosa que era esa hora.

Quizás él estaba lidiando con trauma de la única manera que conocía. Quizás ver ese partido era lo que lo mantenía de quebrarse, de sentir todo el peso de tener un hijo en la UCIN.

Pero lo que sí hay que dejar en claro es que algunos momentos son irremplazables.

Algunos momentos son más importantes que otros.

Esa hora con tu hijo en la UCIN vale más que mil horas de cualquier partido que jamás se haya jugado.

La distracción no discrimina. Trata momentos irremplazables de igual manera que el tiempo de ocio.

Y una vez que esa hora se va, no la puedes recuperar. Puedes ver el partido en la repetición. Puedes ver los *highlights*. Puedes ver el marcador final.

Esa hora irremplazable—esa está ahorita en tu camino. Puede que sea la parte más crucial de tu viaje hasta ahora. Y si tus ojos no están en ella, simplemente pasaste de largo el momento que más importaba.

La Necesidad de Documentar

El concierto que estás filmando—hay una muy fuerte probabilidad de que ya esté siendo capturado por profesionales con mejor equipo que el que tienes tú.

Observa a tu alrededor. Hay un equipo de video. Múltiples cámaras. Audio profesional. Gente cuyo único trabajo es grabar este momento en alta definición.

Y tú estás sosteniendo tu teléfono, grabando una versión movida y de baja calidad de algo que ya está siendo documentado profesionalmente.

Por lo tanto, estás viendo el concierto a través de una pantalla en lugar de con tus propios ojos. Estás tan ocupado asegurándote de que estás grabando el momento que realmente no lo estás experimentando.

¿Qué pasa si bajas tu teléfono y solo observas?

Manteniéndote presente.El equipo de video que está filmando el concierto—ellos están buscando captar la energía del público. Quieren mostrar la experiencia, la emoción, la conexión entre la banda y el público. ¿A quién crees que dirigen sus cámaras? ¿A la persona con un teléfono bloqueando su cara? ¿O a la persona completamente inmersa, cantando, realmente experimentando el momento?

Hasta podrías terminar siendo LA persona del video oficial. La toma memorable. El "fanático top" del concierto. Y luego—esto realmente pasa—la banda hasta podría contactarte porque ahora eres el famoso "fanático top" que circula en internet.

La gente te reconoce de ese video. La banda te invita al backstage en su siguiente show. *Meet and greet*. Foto con toda la banda. *Merchandise* firmado con un mensaje personal agradeciéndote por estar tan metido en la música esa noche. Todo porque bajaste tu teléfono y realmente experimentaste el momento en lugar de filmar una versión inferior de lo que ya estaba siendo capturado.

Estás tratando de preservar la memoria filmándola. Pero estás previniendo que la memoria se forme.

Eso es una paradoja. El acto de documentación interfiere con la experiencia que estás tratando de documentar.

Filmas el concierto para recordar haber estado ahí. Pero realmente no recuerdas haber estado ahí—recuerdas que lo grabaste.

Tu Cerebro Te Necesita Presente

Piensa en la última vez que alguien te contó una historia mientras *scrolleabas* por redes sociales.

¿Puedes recordar lo que dijeron? Probablemente no.

Pero quizás recuerdas el post que estabas leyendo.

Eso no es porque seas un pésimo oyente o un pésimo amigo. Tu cerebro solo puede poner atención completa a una cosa a la vez.

Hay varias hipótesis que sugieren que el cerebro humano no puede verdaderamente hacer multitasking cuando se trata de tareas que requieren atención consciente y enfoque. En cambio, lo que percibimos como multitasking es realmente cambio de tareas—donde el cerebro rápidamente cambia su atención de ida y vuelta entre diferentes actividades. Cuando estás *scrolleando*, eso es lo que tu cerebro está codificando. Eso es lo que se está guardando como memoria.

Cuando estás filmando un concierto en tu teléfono, tu cerebro está codificando el acto de filmar—el encuadre, la pantalla, si estás logrando la toma, mantener tu mano firme. No la música real. No la energía en el lugar. No la experiencia de estar ahí.

Los momentos para los que estás ausente no regresan. No puedes re-experimentar la graduación de tu hijo. No puedes re-asistir a ese concierto. No puedes tener otra hora en la UCIN.

Una vez que se van, no regresan.

Entonces cuando divides tu atención con un ojo en el recital de tu hija y otro ojo checando en tu teléfono el correo del trabajo, no estás obteniendo 50% de cada experiencia. Estás obteniendo una versión degradada de ambas.

"¡Pero es que es importante!"

¿Qué cosa? ¿Tu trabajo o tu hija?

Tu Distracción Afecta Tu Entorno

No solo estás filmando o distrayéndote del evento presente, sino que también estás distrayendo a otros.

Observa en una sala de cine después de que se apagan las luces.

Cuenta la cantidad de pantallas de teléfono brillando en la oscuridad. Gente checando mensajes. *Scrolleando* por sus *feeds*. Respondiendo textos. No están viendo la película que pagaron por ver.

Pero no es solo su experiencia la que están arruinando.

Esa pantalla de teléfono es una linterna en un cuarto oscuro. Aparta los ojos de todos de la película. Rompe la inmersión. Arruina el momento para la persona junto a ellos, detrás de ellos, frente a ellos.

Su distracción no es solo su problema. Es problema de todos.

La persona junto a ellos en el cine no pagó para verlos *scrollear* por Instagram. Pagaron para perderse en una historia. Y el brillo del teléfono los saca de ella.

Lo mismo en la vida real. Cuando estás *scrolleando* durante una conversación, la otra persona lo sabe. Lo puede sentir. Están tratando de contarte algo que les importa, y estás dando a entender—sin decirlo—que lo que sea que está en tu pantalla importa más que ellos.

Tu ausencia no solo te afecta a ti. Afecta a todos tratando de estar presentes contigo.

Tu Hijo Te Está Buscando

Vas al recital escolar de tu hijo. Es día de graduación, y han preparado un evento para los padres. El auditorio se llena. Los niños entran en fila al escenario con sus birretes y togas, o sus trajes de recital, lo que sea que el evento requiera.

Encuentras un asiento. Sacas tu teléfono para checar un último correo del trabajo antes de que empiece. Luego la ceremonia comienza, y mantienes tu teléfono en tu regazo. Por si algo urgente llega. O quizás estás *scrolleando*. O quizás traes tus AirPods puestos, tomando una llamada del trabajo que no pudiste reprogramar.

El niño está en el escenario. Escaneando la multitud. Buscando los ojos de sus padres.

Esto me consta porque he visto la cara de mi hijo cuando nos encuentra en la multitud. Su expresión cambia. Está buscando esa conexión. Ese reconocimiento de que lo estamos viendo, que lo vemos, que este momento nos importa a nosotros también.

El niño no sabe que estás en una "llamada importante del trabajo." No necesitan entender que tu jefe necesitaba una respuesta inmediata, o que estás checando algo urgente.

Solo saben que no los estás viendo.

Recordarán que estuviste ahí—técnicamente. Físicamente presente. En el público.

Pero también recordarán que realmente no estabas ahí. Que cuando te buscaron, cuando querían ver si los veías, tu atención estaba en otro lugar.

Esa es la memoria que están creando. No porque seas un padre terrible, no. Porque eres humano, y la distracción está en todas partes, y hemos normalizado estar ausentes mientras estamos presentes.

Estás en el asiento del conductor de esta relación. Y tu hijo está viendo cómo la manejas.

El Contenido Ya Existe

No hay examen ni auditoría de cuánto contenido generas.

Nadie te está calificando por la calidad de tu video del concierto. Nadie está evaluando tus fotos de vacaciones. Nadie lleva la cuenta de cuántos momentos capturaste.

¿El contenido que desesperadamente estás tratando de crear? Ya existe. Versiones profesionales de ello. Mejores versiones de las que podrías hacer con tu teléfono.

Lo que no existe—lo que no puede ser replicado por nadie más—es tu experiencia de estar ahí.

Tu perspectiva. Tu presencia. Tu atención real en lo que está pasando frente a ti.

Eso es lo único. Eso es lo irremplazable.

No el video. La experiencia en sí.

Y cada momento que pasas creando contenido sobre tu vida es un momento que no estás realmente viviendo tu vida.

Estás en el asiento del conductor. Pero en lugar de ver el camino, lo estás filmando.

Lo Que Estás Intercambiando

No estoy diciendo que nunca puedas tomar una foto. Ni que nunca grabes nada. O que nunca compartir momentos con gente que te importa.

Pero se consiente de la negociación que estás haciendo.

Cada vez que sacas tu teléfono para capturar algo, estás intercambiando presencia por documentación. Experiencia por contenido. El estar ahí por probar que estuviste ahí.

A veces ese intercambio tiene sentido. A veces quieres la documentación más de lo que quieres la experiencia completa en ese momento.

¿Pero la mayoría del tiempo? No estamos haciendo una elección consciente. Entramos por default en la documentación porque todos los demás lo hacen. Porque tenemos miedo de olvidar. Pensamos que necesitamos pruebas.

Y terminamos con miles de fotos que nunca vemos y memorias que nunca realmente formamos.

¿El teléfono en tu regazo durante el recital de tu hijo? Eso no te está dando nada. Solo te está alejando del momento.

¿El *scrolleo* durante tu traslado? Estás viendo los caminos de otras personas en lugar de manejar el tuyo.

¿El video en el concierto? Estás previniendo la misma memoria que estás tratando de preservar.

Estás intercambiando momentos irremplazables por... ¿qué cosa, exactamente? ¿Contenido que ya existe en mejor forma? ¿Prueba para gente que no estuvo ahí y realmente no les importa tanto?

Donde Tus Ojos Necesitan Estar

El camino real que estás manejando. El momento real en el que estás. La vida real que estás viviendo.

No el camino de alguien más. No el *highlight reel* de alguien más. No la versión filmada profesionalmente que vas a ver después en lugar de experimentar ahora.

Tu camino. Ahora mismo. Este momento. A veces la ruta escénica ES el punto.

Hoy no es una cuenta regresiva hacia mejores días. Hoy es tu viaje completo. Todo lo que tenemos que decidir es qué hacer con el tiempo que se nos da. Ahora mismo. Este momento es parte de tu 100%.

Y si no estás presente para él—si tus ojos están en todas partes excepto el camino que realmente estás manejando—te estás perdiendo tu propia vida.

Mira a tu alrededor. Todo cuenta. Los pequeños gestos importan— incluyendo el barista que te sonrió esta mañana.

Las barreras ayudan. El Waze horizontal. El teléfono en otro cuarto durante la cena. La decisión de solo ver en lugar de filmar.

Pero es una elección que tomas momento a momento.

Tu hijo está en el escenario buscándote. ¿Están tus ojos en él, o en tu pantalla?

Tu amigo te está contando algo importante. ¿Estás escuchando, o *scrolleando?*

Estás detrás del volante de tu vida real. ¿Están tus ojos en tu camino, o en el de alguien más?

No hay examen calificando tu presencia. No hay boleta registrando tu atención. No hay evaluación final de si realmente estuviste ahí para tu propia vida.

Pero tú sabrás. En los momentos tranquilos. En las memorias que desearías tener pero no tienes. En los momentos para los que estuviste físicamente presente pero te perdiste completamente.

Estás manejando esta ruta. Nadie más puede hacerlo por ti. Nadie más puede estar presente para tus momentos. Nadie más puede mantener tus ojos en tu camino.

Ese es tu trabajo.

No porque alguien esté viendo. Porque es tu camino. Tu vida. Tu única oportunidad de realmente estar aquí para ella.

Capítulo 18

TU TRASLADO ÚNICO

Nadie en la historia de la carretera ha manejado ni manejará jamás tu ruta exacta.

Esto no es una frase de galleta de la fortuna. Es realidad matemática. La combinación específica de dónde empezaste, cuáles vueltas diste, qué pasajeros has llevado, cuáles paradas de descanso necesitaste, cuáles desvíos tomaste—eso es irrepetible.

Incluso si alguien tratara de replicar tu viaje paso a paso, no podrían. Demasiadas variables. Diferente *timing*. Diferente clima. Diferente versión de ellos mismos tomando las decisiones.

Tu ruta es matemáticamente completamente tuya.

La Agencia de Carros Cinco Años Después

Imagina una agencia de carros. Filas de vehículos idénticos recién salidos de la línea de ensamblaje. Misma marca, mismo modelo, mismo año. Algunos indistinguibles excepto por el color de pintura.

Un día, diez personas compran el mismo carro.

¿Qué pasa si regresan todos a la agencia, cinco años después? Pones a los diez carros en fila en el estacionamiento.

Ya no se ven igual.

Uno tiene 80,000 kilómetros de carretera, desgaste suave, mínimo deterioro, mantenimiento consistente. Uno tiene 40,000 kilómetros de ciudad, desgaste por tanto ajetreo, frenos gastados, y estrés de una aceleración y desaceleración constante. Uno tiene 100,000 kilómetros de terracería y pasos de montaña, óxido por debajo, trabajo de suspensión y marcas de carácter dejadas por el terreno.

Mismo carro. Viajes completamente diferentes. Y cada viaje dejó su marca.

Puedes ver cuál le pertenecía al padre llevando niños a la escuela cada mañana. Cuál le pertenecía al representante de ventas manejando por autopistas. Cuál le pertenecía al aventurero de fin de semana tomando caminos secundarios a través de parques nacionales.

Los carros empezaron idénticos. Las rutas los hicieron diferentes.

Quizás empezaste desde un lugar similar a alguien más—misma ciudad natal, misma escuela, mismas oportunidades. Pero la ruta específica que manejaste, las decisiones específicas que tomaste en cada intersección, los pasajeros específicos que llevaste, el terreno específico que navegaste—todo eso creó la versión irrepetible de ti que existe ahora mismo.

Incluso los Gemelos Divergen

Tomemos de nuevo el ejemplo de los gemelos idénticos. Genéticamente iguales. Criados en la misma casa, por los mismos padres, en la misma cultura, comiendo la misma comida, asistiendo a las mismas escuelas.

Tan similares como dos puntos de partida humanos pueden posiblemente ser.

Y aun así terminan siendo personas diferentes.

Uno se vuelve artista. Uno se vuelve ingeniero. Uno se muda al otro lado del país. Uno se queda en su ciudad natal. Uno se casa joven. Uno se queda soltero. Uno tiene hijos. Uno no.

No solo personalidades distintas—eso es esperado. Incluso si viviéramos en un mundo donde solo la apariencia importara para las oportunidades, donde la gente atractiva obtuviera todas las ofertas de trabajo y entrevistas, los gemelos idénticos aun así no recibirían las mismas oportunidades. Misma cara, pero uno entra a la oficina el día que están contratando. El otro entra una semana después cuando la posición está llena. Uno es notado por un reclutador en una cafetería. El otro estaba en casa ese día. Misma apariencia, diferente *timing*, resultados completamente diferentes.

¿Por qué? Porque aunque empezaron desde el mismo lugar, no manejaron la misma ruta.

Quizás uno se enfermó de niño y pasó meses en el hospital—eso cambió todo sobre cómo ven la salud, el riesgo, la mortalidad. Quizás uno tuvo un maestro que encendió algo. Quizás uno hizo un amigo que los jaló en una dirección diferente. Quizás uno eligió izquierda en una intersección donde el otro eligió derecha, y esa simple vuelta se convirtió en décadas completamente diferentes.

Si gemelos idénticos no pueden replicar las rutas del otro, ¿qué oportunidad tiene alguien más de replicar la tuya?

Tu Trasfondo Es Irrepetible

No solo empezaste desde un lugar. Empezaste desde un momento específico en el tiempo, con circunstancias específicas, con personas específicas a tu alrededor, con una versión específica del mundo que ya no existe.

La realidad económica en la que entraste. La tecnología disponible. Los valores culturales que tu generación absorbió. Las oportunidades que existían o no existían. Las dinámicas familiares específicas que navegaste. La secuencia exacta de experiencias que moldearon cómo procesas todo lo demás.

¿Alguien que nación diez años antes que tú? Mundo diferente. Reglas diferentes. Suposiciones fundamentales distintas sobre lo que es posible.

¿Alguien que nación diez años después que tú? También diferente. Tecnologías que tú tuviste que aprender, ellos nacieron con ellas. Tus miedos y luchas que enfrentaste, ellos ni siquiera entienden. Ventajas que estuvieron disponibles para ellos, pero nunca para ti.

Incluso alguien nacido el mismo año que tú, en la misma ciudad, de un trasfondo similar, aun así no tuvo a tus padres. Tus hermanos. Tus maestros. Tus encuentros aleatorios. Tu secuencia específica de fracasos y éxitos que te enseñaron lo que sabes ahora.

Tu punto de partida fue único. Tu ruta a través de los años ha sido única. ¿Y la versión de ti que resultó de todo eso? También única.

No mejor. No peor. Solo irrepetible.

Los Estilos de Manejo Son Parte de Ello

Y no son solo las circunstancias externas. Es cómo TÚ las manejas.

Algunas personas manejan defensivamente, siempre anticipando problemas, planeando tres movimientos adelante, protegiéndose contra los peores escenarios. Algunas personas manejan intuitivamente, decidiendo en el momento, confiando en sus instintos, adaptándose mientras van. Algunos manejan despiadados, tratando de adueñarse del camino, incluso llenos de ira. Algunas personas manejan analíticamente, investigando cada ruta, optimizando para eficiencia, calculando *trade-offs*.

Ninguno de esos estilos está mal. Son solo diferentes maneras de moverse por la vida. Y tu estilo es parte de lo que hace tu ruta irrepetible.

Incluso si alguien más enfrentara la misma intersección exacta que tú enfrentaste, no la navegarían de la manera que tú lo hiciste. Porque no son tú. No tienen tu combinación específica de cautela y coraje, lógica y emoción, planeación y espontaneidad.

Tu ruta no es solo DÓNDE has manejado. Es CÓMO la has manejado.

Observa esos diez carros de la agencia. Cada uno necesitaba un programa de mantenimiento diferente. Diferentes estilos de manejo. Diferentes rutas que coincidieran con su uso. Lo que funcionó para el carro de carretera destruiría al carro de paso de montaña. Lo que funcionó para el carro de ciudad no serviría al carro de viajes largos.

Tu ruta es específica. Tus circunstancias son específicas. Tu estilo de navegación es específico.

Lo que funcionó para alguien más podría fallar completamente en la tuya.

Eso no significa que hiciste algo mal. Significa que su ruta no era la tuya.

Tú Eres el Estándar para Tu Viaje

Y porque tu ruta es única, TÚ eres el único estándar válido para TU viaje.

No porque tu manera sea mejor que la de todos los demás. Sino porque nadie más tuvo tu conjunto particular de opciones. No enfrentaron tu terreno específico. No navegaron tu clima específico. No empezaron desde tu ubicación específica ni llevaron a tus pasajeros específicos.

Cuando comparas tu progreso con el de alguien más, estás comparando medidas incompatibles. Están midiendo kilómetros manejados en terreno completamente diferente. La lectura de su odómetro no tiene nada que ver con la tuya. Es como comparar tu ruta del desierto con su autopista costera—misma distancia viajada, experiencias completamente únicas, retos completamente únicos.

Puedes aprender de ellos. Puedes inspirarte en ellos. Puedes adaptar principios de su estilo de navegación.

Pero no puedes usar su ruta como prueba de que la tuya está mal.

No estaban manejando TU carro, en TUS caminos, con TUS pasajeros, enfrentando TU clima, tomando TUS decisiones.

Eres la única persona que tuvo tu ruta. Lo que significa que eres la única medida válida de si la estás navegando bien.

No Puedes Vivir Completamente Mientras Manejas la Ruta de Alguien Más

Cuando tratas de seguir la ruta de alguien más en lugar de la tuya, cuando mides tu viaje contra el de ellos, cuando fuerzas tus circunstancias para que coincidan con las de ellos, esto es lo que pasa:

Te estresas por no estar donde ellos estaban a tu edad. Lo sé—es difícil dejar de comparar. Te sientes atrasado. Sientes que estás fallando porque tu odómetro no coincide con el de ellos. Pero no estás atrasado. Estás en una ruta completamente diferente, midiendo tu progreso contra alguien que empezó desde un lugar diferente, enfrentó terreno diferente, e iba a otro lugar. Su línea de tiempo no tiene nada que ver con la tuya.

Tratas de forzar tus circunstancias para que coincidan con las de ellos. Tomas decisiones que no encajan en tu situación real porque "eso es lo que ellos hicieron, y les funcionó." Tomas un trabajo que te lleva al odio porque es el camino de carrera "correcto." Compras cosas que no puedes pagar porque así es como se supone que se ve el éxito. Te empujas hacia situaciones que se sienten mal porque su ruta dice que aquí es donde deberías estar el día de hoy.

Pero forzar su mapa en tu terreno no funciona. Solo terminas estresado, agotado, con sufrimiento, y todavía no donde pensabas que estarías.

Ignoras lo que realmente te importa a TI porque estás muy ocupado tratando de lograr lo que les importaba a ELLOS. Pasas años subiendo una escalera que está recargada contra el edificio equivocado. Optimizas para resultados que se ven impresionantes en el mapa de ruta de alguien más pero se sienten completamente vacíos en el tuyo. Y terminas viviendo una vida que se fotografía bien pero no se siente como que te pertenece.

No puedes vivir completamente mientras tratas de manejar la ruta de alguien más. Su ruta no fue diseñada para tu vehículo, tu terreno, tu destino, tu estilo. Fue diseñada para los de ellos. Y ninguna cantidad de esfuerzo hará que su ruta encaje en tu viaje.

Maneja TU ruta. El camino así es—TU camino. Con todas sus vueltas únicas y circunstancias específicas y combinaciones irrepetibles.

Eso no es conformarse. Eso no es darte por vencido.

Tu ruta es tuya. Y tratar de navegar la de alguien más no te llevará a ningún lugar significativo.

La Totalidad Importa

Tu perspectiva es única. Tus memorias son solo tuyas. Tu contexto moldea todo lo que experimentas.

Pero la razón por la que tu ruta es única va más allá de cualquier elemento individual.

Es la TOTALIDAD de tu viaje. La manera en que todo se integra en conjunto.

No solo un elemento. La combinación entera. La manera en que todo interactúa con todo lo demás para crear la versión específica de vida que estás viviendo ahora mismo.

Tu trasfondo moldeó tu perspectiva. Tu perspectiva influyó tus decisiones. Tus decisiones crearon tus circunstancias. Tus circunstancias moldearon tu siguiente conjunto de decisiones. Todo se va acumulando, sumando capas, creando algo que solo pudo haber pasado exactamente de esta manera.

Por eso tratar de replicar el viaje de alguien más no funciona. No son clones. No puedes copiar la ruta de alguien y esperar los mismos resultados. Puedes copiar decisiones individuales, pero no puedes copiar toda la red de factores que hizo que esas decisiones tuvieran sentido para ellos. Su trasfondo, su perspectiva, sus circunstancias, su *timing*, todo interactúa de maneras que no se transfieren a tu situación.

Estás Listo

Has estado en el camino por diecisiete tramos ya. Has aprendido cosas. Has desaprendido cosas. Has visto cómo funciona la carretera, cómo otros conductores navegan sus rutas, cómo las reglas nos evitan chocar entre nosotros.

Has mirado en el espejo retrovisor de dónde vienes. Has reconocido la programación que heredaste. Has entendido que la comparación no funciona y la competencia no te sirve.

Has visto que otras personas no son NPCs. Que hoy es 100% de tu vida, no una cuenta regresiva hacia algo mejor. Que tus ojos necesitan estar en TU camino, no en el de todos los demás.

Y ahora entiendes por qué todo eso importa: porque tu ruta es matemáticamente, completamente tuya.

Nadie más puede manejarla por ti. Nadie más puede decirte si lo estás haciendo bien o mal. Nadie más tuvo tu punto de partida exacto, tus circunstancias exactas, tu secuencia exacta de decisiones.

Lo que significa que nadie más puede calificar tu viaje. Y más importante, puedes dejar de buscar esa calificación. Dejar de preguntarte si estás a la altura. Dejar de buscar validación de que lo estás haciendo "correctamente." No hay boleta de calificaciones externa. No hay juez revisando tu ruta y decidiendo si es suficientemente buena. La ruta de nadie más prueba que la tuya es insuficiente. La lectura del odómetro de nadie más hace la tuya menos válida.

Tu ruta es tuya.

Estás aprendiendo del terreno. Estás entendiendo cuáles pasajeros llevar. Estás reconociendo cuándo tu ritmo necesita cambiar.

No porque alguien te enseñó la manera "correcta" de hacer esas cosas. Sino porque aprendiste haciéndolas.

No estás esperando que alguien más te permita manejar tu vida. Ya la estás manejando. La fuerza hacia estar presente es intensa. Cédele el paso.

Y ahora entiendes por qué tu ruta específica, con todas sus vueltas únicas y combinaciones irrepetibles, es la única ruta que pudo haberte traído aquí.

No hay examen calificando si elegiste la ruta "correcta" comparada con la de todos los demás.

Solo está tu ruta. Tu viaje no puede medirse contra el de nadie más porque las circunstancias son incomparables.

Y estás listo para seguir manejándola.

TERCERA PARADA DE PITS

Acabas de conducir por el mejor tramo del camino hasta ahora.

La Parte Seis ya no fue sobre desaprender o examinar o entender. Esta parte fue sobre realmente vivir.

Hoy ya no es una cuenta regresiva—es el 100% de tu vida. Tus ojos necesitan estar en tu propio camino, no en el de todos los demás. Y tu ruta es únicamente tuya. No como inspiración. Es un facto.

Así que oríllate una vez más. Última parada de pits antes del último tramo.

Observa qué diferente estás manejando, comparado a como cuando saliste de tu colonia. No estás compitiendo contra nadie. No estás comparando tu odómetro con el de todos los demás. No estás tratando de ganar una competencia que nunca existió.

Has desaprendido la programación de tu ciudad natal. Has reconocido que otras personas no son obstáculos ni NPCs—son viajeros en sus propias rutas. Has entendido que el viaje mismo ES la vida que estás viviendo, no preparación para algo más.

Y ahora estás listo para algo que tal vez no esperabas cuando empezamos este recorrido.

La Parte Siete difiere de todo lo anterior. Las partes previas fueron sobre ver claramente—entender cómo realmente funcionan las cosas, reconocer lo que has estado cargando, validar por qué tu ruta es tuya.

Pero, ¿esta última parte? Es sobre qué haces con esta claridad.

Sin instrucciones. Sin lista de verificación. Sin nada de "aquí están los 5 pasos para vivir sin examen."

Solo algunas observaciones sobre cómo realmente se ve manejar tu propia ruta cuando dejas de esperar validación. Cuando dejas de medirte contra todos los demás. Cuando tomas completa responsabilidad del volante que has estado sosteniendo todo este tiempo.

Has estado manejando por dieciocho capítulos. Ya sabes cómo funciona esto.

Estos últimos capítulos son sobre manejar con intención. Con propiedad. Entendiendo que este traslado—esta ruta, este viaje, esta vida—es completa y enteramente tuya para navegar.

¿Listo para el último tramo? Yo sí.

Terminemos este recorrido.

Parte Siete

TOMANDO EL VOLANTE

Gradualmente, tomamos más control

Capítulo 19

COMPITIENDO CONTRA TU PROPIO ODÓMETRO

Otro nivel completamente diferente empieza aquí. En este tramo abierto de carretera, algo cambia.

No estás checando tu espejo retrovisor para ver quién viene detrás de ti. No estás viendo los carros adelante tratando de alcanzarlos. Estás mirando tu propio tablero. Tu propio odómetro. Tu propio medidor mostrando qué tan lejos has llegado.

Misma carretera. Diferente pregunta. No más "¿Ya llegamos?", sino un "¿Qué tan lejos puedo llegar?"

La Parte Siete empieza aquí. Todo antes de esto fue sobre ver claramente—entender la carretera, reconocer lo que has estado cargando, ver cómo otros conductores navegan sus propias rutas. Has hecho ese trabajo. Te has detenido en paradas de descanso, examinado tu cajuela, dejado algunas cosas atrás.

Ahora viene la parte donde realmente manejas a tu manera.

No porque alguien esté calificando tu desempeño. No porque necesites probar que eres mejor que el carro junto a ti. Sino porque quieres ver qué puede hacer tu carro. Qué tan lejos puedes empujarte. De qué eres realmente capaz cuando dejas de medir contra todos los demás y empiezas a medir contra tu propia base.

Esto no es sobre competir. Es sobre alcanzar.

La Montaña Que Escalas

La gente dice, "Conquisté la montaña."

No, no lo hiciste. La montaña sigue ahí. No se rindió. No perdió. Estará ahí mucho después de que te hayas ido, exactamente la misma altura, completamente indiferente a si llegaste a la cima.

Lo que conquistaste fue a ti mismo. Tu duda. Tu miedo. Las señales de tu cuerpo diciéndote que pararas. La voz en tu cabeza diciendo, "Esto es suficiente, ¿podemos regresar ya?"

La montaña era solo el terreno. Tú eras el oponente.

Lo mismo con tu ruta. No estás tratando de ganarle a los otros conductores. Estás tratando de ganarle a la versión de ti de ayer. La única competencia es con el tú de ayer. El que manejó 1,000 kilómetros en total. Hoy estás en 1,050. Cincuenta kilómetros más lejos de lo que jamás habías estado. Esa es la competencia que realmente importa.

Cada vez que empujas más allá de donde estabas ayer, estás compitiendo contra tu propio estándar previo. No el de nadie más. El tuyo. Ayer estuvo bien. Hoy puede ser aún mejor.

Y esto difiere de la competencia que desaprendiste en el área de descanso: esta competencia te hace mejor en lugar de hacerte amargado.

Qué Tan Lejos Puedes Llegar

La pregunta no es "¿Cuánto tardará esto?" La pregunta es, "¿Qué tan lejos puedo realmente llegar?"

John C. Maxwell explica esto increíblemente en su libro *Leadershift*, cuando habla sobre cambiar de metas a crecimiento:

> Al hacer este cambio, en lugar de preocuparme por cuánto tiempo podría tomar algo, empecé a preguntarme, ¿Qué tan lejos puedo llegar? En lugar de pensar en lo que estaba obteniendo y cuánto tenía que pagar para obtenerlo, empecé a pensar en quién me estaba convirtiendo y el impacto que podría tener debido a ello. Reconocí que estaba en un viaje de crecimiento.[1]

No compitiendo contra el reloj. No compitiendo contra otros conductores. Solo viendo de qué es capaz tu carro. De qué eres capaz tú. Qué pasa cuando dejas de comparar tu ruta con la de todos los demás y empiezas a preguntarte: "¿Qué puedo hacer mejor de lo que hice ayer?"

Quizás ayer manejaste con paciencia. Hoy manejaste con paciencia Y dejaste que tres carros se incorporaran sin frustrarte. Eso es progreso.

Quizás ayer estuviste presente durante la cena con tu familia. Hoy estuviste presente Y dejaste tu teléfono en otro cuarto. Otro progreso.

Quizás ayer trabajaste en tu proyecto por una hora. Hoy trabajaste una hora Y seguiste más allá del punto donde normalmente te rindes. De nuevo, progreso.

Nada de eso requirió ganarle a nadie más. Nada de eso requirió ser *rankeado*. Nada de eso necesitó validación externa. No tienes que apuntar "a la luna" para considerarlo progreso.

Solo necesitabas saber: ¿cómo puedo ir más lejos de lo que fui ayer?

Eso es competir contra ti mismo. Tu versión de ayer te está diciendo al oído: "Atrápame si puedes."

Los Campeonatos No Son Metas

Supongamos que has jugado tenis desde que eras joven. Recreativo, no a nivel profesional, solo lo disfrutas. Eres bueno. Pero ahora quieres llevarlo al siguiente nivel. Has entrado a un torneo semi-profesional—algo que siempre quisiste probar.

Así que entrenas. Cada día después del trabajo, estás en la cancha. Algunos días te quedas tarde para practicar tu volea. Algunos días trabajas en tu servicio hasta que te duele el hombro. Estás haciendo todo lo que puedes porque quieres ganar ese trofeo.

Excepto que el campeonato no depende enteramente de ti.

Una mala decisión del juez de silla puede arruinar tu partido. Tu oponente podría simplemente superarte—no es un NPC en tu historia: entrenaron igual de duro que tú, trabajaron igual de largo, igual que tú. O lo opuesto, quizás ganas porque tu oponente cometió dos errores grandes, inconcebibles. No porque jugaste mejor que ellos, sino porque tu victoria es relativa a su desempeño en ese día específico.

Puedes controlar tu entrenamiento. Puedes controlar tu esfuerzo. Puedes controlar si te presentas y das todo lo que tienes.

No puedes controlar el resultado.

El campeonato nunca es el objetivo. Es una consecuencia.

Incluso los equipos deportivos profesionales entienden esto. Pero los fans demandan trofeos. Necesitan que se los garanticen. Los entrenadores saben que no deberían prometer eso—saben que demasiadas variables están fuera de su control—pero incluso sabiendo eso, tienen que pararse frente a las cámaras y declarar que su único objetivo es claramente el trofeo. Eso es lo que vende boletos. Eso es lo que mantiene a los fans enganchados. Eso es lo que les da esperanza.

¿Pero a puertas cerradas? El enfoque es diferente. Solo pueden controlar lo que pueden controlar. Si todos en el equipo hacen lo que se supone que deben hacer, si ejecutan los fundamentos, si juegan lo suficientemente bien—las victorias empezarán a aparecer. No como algo que forzaron a existir. Como algo que pasó porque hicieron bien su parte.

Tus "campeonatos" podrían darse por tu esfuerzo. O podrían no darse, porque cien variables fuera de tu control también están en juego.

Pero de cualquier manera, te convertiste en alguien más fuerte, más capaz, más sabio, más experimentado de lo que eras cuando empezaste el torneo. La recompensa externa es una consecuencia. El crecimiento interno se registra en tu odómetro.

El Más Grande del Mundo

Digamos que encontraste lo tuyo. Tal vez es la carpintería. Tal vez es programación. Tal vez es fotografía. Te encanta, eres bueno en eso, y quieres seguir mejorando.

Así que naturalmente, piensas: Voy a ser el mejor en esto. El más grande del mundo.

Pero recuerda allá en el Capítulo 6, cuando hablamos sobre ¿qué pasaría si todos desaparecieran? Si todos los que fueran mejores que tú desaparecieran de repente, serías "el más grande"... y no significaría nada. El título estaría vacío.

Porque "el mejor del mundo" es un objetivo móvil que no puedes controlar. Depende de quién aparezca, qué traigan, y qué ventajas tengan que tú no tienes. Te estás midiendo contra personas cuyas circunstancias, recursos, y puntos de partida difieren completamente de los tuyos.

¿Pero el tú de ayer? Ese es un punto fijo. Sabes exactamente dónde estabas. Sabes exactamente de qué eras capaz. Tienes datos completos sobre tu desempeño anterior.

Tu meta debería ser ser mejor que tu versión del día anterior. Eso es todo.

La Etiqueta de Edad Que No Necesitas

Digamos que llegas a los 40 años. Bienvenido al cuarto piso. Escuchas las típicas frases: "A la mitad de tu vida," "Mediana edad," "Cuesta abajo," "Ya no estás chavo."

Pero ahora sabes que estás en tu 100%. Sabes que la etiqueta de "viejo" es relativa. Vete a Japón, específicamente a Okinawa, rodéate de personas que ya están en sus 90s. ¿Te sientes viejo a los 40? Claro que no. Te sentirás joven estando cerca de ellos.

Entonces si el sentimiento es relativo—si cambia dependiendo de quién está a tu alrededor—¿por qué te estás etiquetando como si fuera absoluto?

La programación de sentirte viejo a ciertas edades es solo eso: programación. Algo que aprendiste. Algo que tu cultura te enseñó. No la realidad.

No eres viejo. No eres joven. Solo estás en el kilometraje en el que estás. Y mañana tendrás más kilómetros. Y el día después, más todavía.

Y si necesitas una etiqueta, aquí está: estás joven.

Siempre hay un grupo mayor que tú en el planeta. Solo estás en el lugar equivocado para la comparación.

La Vida Es Como una Canción

Nuestra meta debería ser disfrutar la vida mientras se está tocando, no llegar al final.

Cuando te sientas a escuchar una canción que amas, no te sientas ahí pensando: "no puedo esperar a escuchar el acorde final de esta canción." No mides su valor por si llega al final. La experimentas. La dejas desenvolverse. Aprecias cada compás mientras viene.

El punto de la canción no es la última nota. El punto es la melodía, el ritmo, la manera en que te hace sentir mientras se está tocando.

Lo mismo con tu ruta. El punto no es acumular tantos logros como sea posible antes de llegar al final. El punto no es apresurarte por tu vida marcando casillas—"lo que sea necesario" para decir que hiciste todo antes de que la canción pare.

El punto es manejar de una manera que haga el viaje digno de tomarse.

Competir contra ti mismo significa hacer cada tramo de carretera mejor que el anterior. Más intencional. Más presente. Más alineado con quien realmente quieres ser detrás de ese volante.

No corriendo hacia el final. Solo manejando mejor de lo que manejaste ayer, y haciendo paradas cuando quieras, aunque otros no hayan parado.

¿Necesitas o Quieres el Carro Costoso?

Notamos gente comprando productos caros todo el tiempo. A veces para comprar estatus, para obtener validación. Pero a veces esa no es la razón para nada—¿y sabes qué? ¡Eso es perfectamente válido!

Estás manejando por esta carretera ahora mismo. Miras tu tablero, tu volante, y recuerdas tu sueño de niño sobre algún día manejar el carro especial que querías de chico. Es caro.

Pero hey, ahora SÍ te alcanza para comprarlo. Tiene sentido en tu vida. La compra no te pondrá en problemas financieros. Tu familia lo apoya—hazlo.

Adelante. Consiéntete.

Esta es tu vida.

No para presumir. No para ganar admiración. No para probar nada a nadie más. Consíguelo porque lo quieres. Porque te hace feliz. Porque es parte de tu ruta.

El carro no te definirá. Ya te definiste en tu rama actual del árbol. No necesitas un carro para hacerte valioso o importante o exitoso. Esas cosas ya son ciertas sobre ti, o no lo son, sin importar lo que manejes.

¿Pero si ese carro te trae alegría? ¿Si manejarlo hace tu traslado mejor? ¿Si trabajaste duro, y esto es algo que has querido para ti? Esa es razón suficiente.

Esto también es competir contra ti mismo. No la versión de ti que compraba cosas por la aprobación de otras personas. La versión de ti que sabe lo que realmente quiere y va tras ello.

Tus destinos son tuyos. Tus metas son tuyas. Tu definición de "mejor" es tuya.

El carro es solo un ejemplo. Esto aplica a todo lo que siempre has querido hacer con tu vida. Pero también, para lo que no quieres.

Quitando Lo Que En Realidad No Quieres

Mo Gawdat, en su libro *Solve For Happy*, lo pone claro:

> La felicidad es la ausencia de infelicidad. Es nuestro estado de reposo cuando nada nubla el panorama ni interfiere. La felicidad es *tu* estado por defecto.[2]

No estás tratando de agregar cosas para ser feliz. Ya eres feliz. Ese es tu estado por defecto. No necesitas lograr cosas para ser feliz. No necesitas agregar hitos, logros ni validaciones. Necesitas quitar las cosas que te están haciendo infeliz ahora mismo para poder regresar a tu estado por defecto.

Te conté sobre coleccionar Air Jordan—las pujas a las 4am, los 34 pares, la fecha límite imaginaria. Pero no te dije por qué lo hacía. No estaba coleccionando porque amara cada par. Estaba coleccionando para mostrarle a todo el mundo. Para probar algo.

Pensaba que ser el primero en la fila comprando el siguiente que saliera me haría feliz. El mejor coleccionista.

No estaba coleccionando—le estaba robando a mi propia felicidad.

Lo mismo con los coleccionables de Star Wars. Sables de luz, cascos, toneladas de ellos. No porque quería cada uno, sino porque tenía esta urgencia de tenerlos todos.

¿Ahora? He vendido la mayoría. Todavía me quedo con los que quiero—no los que todos quieren y que por ESO los obtuve en primer lugar. Los que yo quiero conservar realmente.

No agregué nada para ser feliz. Quité la compulsión de adquirirlos, la necesidad de tener "más," la presión de mantenerme al día con lo que todos los demás estaban coleccionando.

Pero el pensamiento más grande que quité es que estaba pensando que había un examen. Entonces quería mostrarle a todos y complacer a todos siempre. Eso me hacía sentir estresado e infeliz. Estaba en modo de validación constante. Ahora, estoy haciendo mi mejor esfuerzo para ya no tener miedo.

Aprendí a decir que no. Aprendí que lo que logro es para mí, no para que otros me comparen o me validen.

Eso es lo que realmente significa competir contra ti mismo. No "¿cuánto puedo acumular para impresionar a otros?" sino "¿qué es lo que realmente quiero para mí?"

Tus logros no necesitan validación externa. Tu progreso no necesita la aprobación de otras personas. No tienes nada que temer. No estás corriendo para probarle nada a nadie que esté viendo.

Estás corriendo contra tu propio odómetro. Y a veces eso significa quitar cosas, no agregarlas. A veces ser mejor que el tú de ayer significa soltar lo que el tú de ayer pensaba que importaba.

¿El carro costoso? Cómpralo si TÚ lo quieres. ¿La colección? Quédate con lo que TÚ amas. ¿La meta? Persíguela porque TÚ la elegiste.

No porque haya una tabla de posiciones rastreando tu desempeño. No porque alguien esté calificando tus decisiones. No porque necesites probar que eres mejor que la versión de ti que otros esperaban.

Solo porque decidiste que esto es lo que importa en tu ruta.

No compitiendo con nadie. Sin probar nada. Solo viendo qué tan lejos puedes llegar cuando dejas de compararte y empiezas a competir con la única persona cuyo desempeño realmente puedes medir: el tú de ayer.

No hay examen calificando si le ganaste a todos los demás.

Solo está tu odómetro, el número de ayer, y la pregunta de hoy: ¿qué tan lejos puedo llegar?

Capítulo 20

TUS MANOS EN TU VOLANTE

Mientras manejas por esta carretera, quizás has notado algo: hay muchas cosas sobre las que no puedes hacer nada.

No puedes controlar el clima. No puedes controlar las zonas de construcción. No puedes controlar si el conductor frente a ti de repente frena sin razón. No puedes controlar el tráfico, los accidentes, los cierres de carretera, o el hecho de que todos se incorporaron a la carretera exactamente al mismo tiempo que tú.

Pero puedes controlar tu volante.

Eso no es poca cosa. Eso lo es todo.

La Realidad del Volante

Controlas hacia dónde manejas tu carro. Cómo reaccionas cuando alguien te cierra. Si aceleras, bajas la velocidad, o cambias de carril. Tus manos, tus pies, tu atención, tus decisiones.

A la carretera no le importa lo que quieres. Los otros conductores no se están coordinando contra ti. Las condiciones no están esperando tu aprobación.

¿Pero tu volante? Ese es tuyo.

Y ahí es donde pertenece tu energía—en lo que realmente puedes influir, no en lo que desearías poder controlar pero nunca podrás.

Imagina que estás manejando por una zona de construcción. Dos carriles se juntan en uno. El tráfico se reduce a vuelta de rueda. Vas a llegar tarde.

¿Qué puedes controlar?

No puedes controlar que la construcción existe. No puedes controlar que todos los demás también están atorados en este embotellamiento. No puedes controlar qué tan rápido se está moviendo el carro frente a ti.

Pero puedes controlar si te frustras o lo aceptas. Si tocas el claxon agresivamente o dejas que alguien se incorpore delante de ti. Si haces la situación peor pegándote al carro de enfrente y manejando estresado, o si simplemente la atraviesas.

Misma zona de construcción. Mismo tráfico. Experiencias completamente diferentes basadas en lo que elegiste controlar.

Permitir el Cambio, No Forzarlo

El cambio pasa estés o no estés listo.

Tu cuerpo envejece. Tu industria evoluciona. Tu ciudad cambia. Tus relaciones cambian. La tecnología avanza. Tus prioridades se realinean.

No puedes detener nada de eso. No puedes congelar el tiempo en un punto cuando todo se sentía perfecto. No puedes forzar las cosas a quedarse como estaban solo porque te gustaban así.

El cambio no te pide permiso. No espera a que lo apruebes. Solo pasa.

Esa es madurez. Reconocer que no controlas si el cambio pasa. Solo controlas si lo permites o lo resistes.

Resistir el cambio no lo detiene. Solo te hace miserable mientras sucede de todas formas. Gastas tu energía peleando contra algo inevitable, tratando de aferrarte a una versión de la realidad que ya se fue.

Permitir el cambio no significa que te estás rindiendo. Significa que estás reconociendo lo que realmente está en tu control.

Si tienes hijos, no puedes controlar que ellos se van a convertir en adolescentes con sus propias opiniones y prioridades. Pero puedes controlar si peleas contra quiénes se están convirtiendo o les haces espacio para crecer.

No puedes controlar que tu empresa se está reestructurando. Pero puedes controlar si gastas tu energía resistiéndolo o adaptándote a la nueva realidad.

No puedes controlar que tu colonia ahora es diferente de cómo era hace diez años. Pero puedes controlar si te quedas amargado por lo que se fue o encuentras lo que es valioso en lo que está aquí ahora.

No creas el cambio. No lo fuerzas. Lo permites.

Ese es tu volante con el cambio. Controlas tu respuesta, tu adaptación, si aceptas lo que es inevitable o desperdicias tu energía tratando de prevenirlo.

El cambio va a pasar. La carretera va a tener zonas de construcción, desvíos, nuevas rutas. No controlas eso.

Pero controlas cómo lo navegas.

El Registro del Hospital

Una vez, mi esposa fue hospitalizada en un estado muy delicado.

Es difícil ver al amor de tu vida conectada a una cama, sintiendo dolor que no puedes quitar. Todo en ti quiere hacer algo. Arreglarlo. Hacer que pare.

Pude haberme perdido. Fácilmente. Sentarme en esa silla entrando en un espiral hacia los peores escenarios. Empezar a llorar por dentro, pensando en lo que podría pasar.

Pero no lo hice. Porque nada de eso la ayudaría.

No soy doctor. No puedo diagnosticar. No puedo recetar. No puedo controlar si el especialista correcto está de turno, si las enfermeras captan cada señal, si el doctor atorado en el tráfico va a llegar a tiempo.

Pero puedo documentar.

Empecé a registrar. Cada lectura de presión arterial. Cada vez que un monitor sonaba. Cada señal, cada número, con hora en mi teléfono. No porque supiera qué significaba nada de eso—sino porque cuando llegara el doctor, podría entregarle un panorama completo. "Aquí está todo lo que pasó en las últimas cuatro horas."

No podía controlar su salud. No podía controlar el hospital. Pero podía ser complementario a las personas que sí podían.

Ese es el cambio. Dejas de tratar de controlar cosas fuera de tu alcance y empiezas a preguntar: ¿qué soy realmente capaz de hacer ahora mismo? ¿Cuál es el volante que puedo sostener?

Mi esposa me necesitaba presente, no en pánico. Los doctores necesitaban datos, no interferencia. Y yo necesitaba algo que hacer con todo ese miedo además de dejar que me consumiera.

Así que documenté. Hora por hora. Ese era mi volante. Y eso le sirvió a los doctores.

Entonces observemos cómo aplica esto a tu vida real. Donde el volante realmente está en tus manos. Donde tú decides en qué enfocar tu energía.

En el Trabajo

Mucha gente trabaja con miedo.

Miedo de ser despedidos. Miedo de no ser suficientemente buenos. Miedo de perder sus trabajos si cometen un error o si no se desempeñan a la perfección.

Pero así es como yo lo veo: la empresa está invirtiendo en mí.

Me están dando un trabajo, un salario, una oportunidad de crecer y ser parte de algo más grande. Y voy a aprovechar esa inversión. No de manera egoísta—de manera inteligente. Voy a aprender. Voy a crecer profesionalmente a un ritmo que nunca podría lograr solo, sin una empresa detrás de mí.

Si mañana fuera mi último día, quiero aprovechar al máximo hoy. Quiero inspirar a mis colegas. Quiero empujar límites creativos. Quiero enfocarme en mi crecimiento, lo cual consecuentemente beneficia a la empresa.

Ese orden tiene una razón. No me estoy enfocando en el crecimiento de la empresa (eso es relativo). Me estoy enfocando en mi crecimiento (mi objetivo), lo cual ayuda a la empresa (como consecuencia). ¿Esos paréntesis suenan familiares?

Eso es lo que puedo controlar. Mi esfuerzo. Mi aprendizaje. Mi contribución. Mi actitud. Soy hombre de palabra—y mi palabra es enfocarme en lo que puedo controlar.

No puedo controlar si la empresa decide dejarme ir o no. No puedo controlar las condiciones del mercado, los despidos, las reestructuras, o los recortes de presupuesto. No puedo controlar si le caigo bien a mi manager o si mi proyecto obtiene financiamiento.

Pero puedo controlar si me presento y hago trabajo del que me enorgullezca. Si aprovecho los recursos que me están dando. Si me convierto en alguien más capaz de lo que era ayer. Hoy estoy en el 100% de mi antigüedad.

Ese es mi volante en el trabajo. Todo lo demás son condiciones del tráfico.

La Gente Que Eliges

No puedes controlar cómo reaccionan tus amigos hacia ti.

Si les caes bien. Si estarán ahí cuando los necesites. Pero puedes controlar con quién compartes cosas y con quién no.

A quién le cuentas tus secretos. A quién le pides consejo. A quién invitas a tus experiencias. A quién le confías las partes de ti que importan.

Estás eligiendo a tus pasajeros. Y no es poca cosa.

Quizás tienes un amigo que es genial para reírse pero terrible con conversaciones serias. No puedes controlar eso—así es quien es (y no es un NPC). Pero puedes controlar si tratas de tener conversaciones profundas y vulnerables con esa persona para luego sentirte herido cuando no responde como necesitas.

Quizás tienes un amigo que es increíble dando consejos prácticos pero pésimo dando apoyo emocional. No puedes cambiar eso. Pero puedes controlar si vas con esa persona cuando necesitas un abrazo o cuando necesitas ayuda resolviendo problemas.

No estás controlando sus reacciones. Estás controlando quién tiene acceso a qué partes de tu viaje. Tú decides quién va de copiloto y quién es invitado a viajes específicos.

Lo mismo aplica a relaciones románticas.

No puedes hacer que alguien se enamore de ti. No puedes forzar a tu crush a que le gustes de vuelta. No puedes manipular a alguien para que quiera estar contigo. No puedes presionar a alguien hacia una relación solo porque armaste una propuesta pública grande que los pone en evidencia frente a una multitud, haciéndolos sentir que tienen que decir sí porque todos están viendo.

Eso no es amor. Ni siquiera estás pensando en sus sentimientos.

Y menos puedes manejar o controlar sus sentimientos. Nunca podrás.

Pero puedes controlar cómo te presentas. Si eres transparente. Si te comunicas honestamente. Si muestras las mejores partes de ti—no una versión falsa, no una actuación, solo el tú genuino sin pretender ser alguien que no eres.

Si estás en una relación, puedes controlar cómo cuidas a tu pareja. Cómo los haces sentir vistos, escuchados, entendidos. Cómo los animas. Cómo los apoyas.

No puedes controlar cómo reaccionan. Si el sentimiento es reciproco. Si se quedan o si se van.

Pero puedes controlar el tipo de pareja que eres. El tipo de energía que traes. El tipo de atención que das.

Ese es tu volante con la gente que eliges. Manéjalo bien, pero no agarres el de ellos.

Familia

Tus padres—las personas que te criaron—están envejeciendo. No puedes controlar su salud, su tiempo, o el hecho de que van a necesitar más ayuda, más cuidado, más apoyo conforme envejecen.

Pero sí puedes controlar estar ahí cuando lo necesiten. Puedes controlar asegurarte de que no estén desamparados o solos. Puedes controlar darles dignidad y cuidado cuando más lo necesitan.

Si compartes tu vida con tu pareja, su familia se vuelve parte de tu mundo. Sus padres, hermanos, familia extendida—todos están conectados contigo ahora a través de la persona que más te importa.

No puedes controlar si les caes bien. Si te aceptan inmediatamente o les toma años entrar en confianza contigo. Sus opiniones, sus juicios, sus comentarios en las reuniones familiares.

Pero sí puedes controlar cómo los tratas. Puedes hacerlos sentir como familia. Puedes honrar la confianza que mostraron al darte la bienvenida a sus vidas—están compartiendo a alguien que aman contigo.

No puedes hacer que te vean de cierta manera. Pero sí puedes ser alguien que vale la pena ver.

Si tienes hijos, puedes controlar qué tan buen padre o madre eres: ser un ejemplo a seguir, estar presente, paciente, intencional.

No puedes controlar cómo resultan, las decisiones que toman conforme crecen, o si te recuerdan de la manera que esperas.

Pero sí puedes controlar estar presente. Estar ahí. Manejar de una manera que les dé algo que valga la pena recordar.

Ese es tu volante con la familia. No controlas sus reacciones ni sus resultados. Controlas tus acciones y tu presencia.

En la Vida Diaria

No puedes controlar el tráfico. Pero puedes dejar que los tres carros se incorporen frente a ti sin frustrarte, haciendo su traslado un poco menos estresante.

No puedes hacer que le caigas bien a la gente. Pero puedes decir buenos días a tres personas diferentes y alegrarles el día sin esperar nada a cambio.

No puedes controlar a la persona detrás de ti. Pero puedes sostenerles la puerta, un pequeño gesto que no te cuesta nada y hace el mundo ligeramente mejor.

No puedes controlar si la gente te respeta. Pero puedes ser respetuoso, incluso cuando no te es devuelto.

No puedes controlar si tu día sale bien. Pero puedes hacer que el día de alguien más salga mejor.

No puedes controlar cuánto tiempo van a vivir tus mascotas. Pero puedes controlar cómo darles una vida digna de mascota.

Nada de esto es sobre ser un santo. Nada de esto es sobre actuar bondad a cambio de crédito. Esto solo es sobre reconocer que el volante está en tus manos. Tú decides cómo manejas.

Cada interacción es una elección. Cada reacción es una decisión.

Cada momento donde podrías hacer las cosas peores o hacer las cosas mejores—ese es tu volante. Pon una sonrisa en esa cara.

Eso lo controlas tú.

Tu volante. Tu carril. Tus acciones.

Ahí es donde la competencia con el tú de ayer realmente sucede. No controlando la carretera. Controlando cómo manejas en ella.

Capítulo 21

CÓMO MANEJASTE IMPORTA

Aquí lo que has estado construyendo de forma involuntaria, después de todos estos kilómetros, no es un trofeo. Tampoco un monumento. Ni una colección de logros para señalar cuando alguien te pregunte qué has logrado.

Lo que has estado construyendo es influencia.

No del tipo que aparece en tu testamento. No del tipo que se divide entre herederos. No del tipo que se desgasta o deprecia o se vende en una venta de bienes.

El tipo de influencia que se queda con la gente mucho después de que hayas dejado de manejar.

Tomar el volante significa hacerte cargo de tu legado—lo que estás dejando EN la gente ahora mismo, no lo que les dejarás después.

El Carro Ó El Manejo

Podrías dejarle tu carro a tu hijo. Título transferido, llaves entregadas, vehículo a su nombre. Eso es herencia. Eso es algo PARA ellos.

O podrías enseñarles cómo lo manejaste. Cómo manejaste caminos difíciles. Cómo te mantuviste paciente en el tráfico. Cómo navegaste cuando no conocías la ruta. Cómo tomaste decisiones cuando el clima se puso feo.

Eso es legado. Eso es algo EN ellos.

Cualquiera puede comprar un carro. No todos llegan a aprender del conductor que les enseñó cómo manejar uno.

El carro eventualmente se descompondrá. Necesitará reparaciones, luego más reparaciones, luego un día ya no valdrá la pena arreglarlo. Así funcionan los carros.

¿Pero la manera en que les enseñaste a manejar? Eso se queda. Eso se vuelve parte de cómo navegan su propia ruta. Eso influye cómo manejarán por el resto de sus vidas.

Eso no es algo que puedes dejar en un testamento. Eso es algo que cargan porque viajaron contigo.

Lo Que Realmente Se Transfiere

El dinero se transfiere. La propiedad se transfiere. Las posesiones se transfieren.

Pero esas cosas no pueden mostrarle a alguien cómo mantenerse calmado cuando todo se siente caótico. No pueden enseñarle a tu amigo cómo pensar un problema desde un ángulo diferente. No pueden darle a tu pareja la sensación de ser verdaderamente visto y entendido.

¿Esas cosas? Esas solo se transfieren a través de la presencia. A través del tiempo que pasaron viajando juntos. A través de los momentos cuando vieron cómo manejaste algo y pensaron, "Así es como yo quiero manejarlo también."

Tus padres probablemente te dejaron cosas. Quizás una casa, quizás algunos ahorros, quizás reliquias familiares. Y esas cosas pudieron haber sido útiles, pudieron haber sido significativas.

¿Pero qué es lo que realmente cargas de ellos?

Cargas la manera en que tu mamá se mantuvo calmada durante emergencias. Cargas la manera en que tu papá abordaba los problemas metódicamente. Cargas los valores que vivieron, no los que hablaron. Cargas las lecciones que te mostraron a través de cómo manejaron, no los sermones que te dieron sobre cómo deberías manejar.

¿Las cosas físicas? Esas son bonitas. Pero no son el legado.

Su legado está EN ti. En cómo piensas. En cómo reaccionas. En cómo navegas tu propia ruta.

La Herencia Que Cualquiera Puede Comprar

Las posesiones se desgastan. El dinero se acaba. Las cosas se rompen, deprecian, se pierden, se roban, se vuelven obsoletas.

¿Esa herencia que recibiste? Sirvió un propósito. Ayudó. Pero si solo era dinero o propiedad, alguien más te pudo haber dado lo mismo.

¿Lo que alguien más no te pudo haber dado? La manera específica en que tus padres pensaban. El enfoque particular que tenían hacia la vida. La perspectiva única que traían a los problemas. La manera en que te hacían sentir capaz incluso cuando dudabas de ti mismo.

Eso es irremplazable. Eso es lo que realmente importa.

¿La herencia material? Se iguala. Dale a diez personas $10,000 cada una y todas obtienen la misma cantidad de dinero. La transacción es idéntica.

¿Pero la influencia? La influencia es única. La manera en que afectaste el pensamiento de alguien, la manera en que cambiaste cómo se ven a sí mismos, la manera en que influiste en su ruta—eso es algo que solo tú les pudiste dar. Nadie más tiene tu combinación exacta de experiencias, perspectivas, y presencia.

Esa es una herencia que dura.

¿Qué Preferirías Tú?

Si pudiera elegir, yo preferiría que mis padres vendieran ese carro de lujo ahora—agarraran lo que sea que han estado ahorrando—y usaran ese dinero para ellos mismos. Es su dinero. Se lo ganaron. Merecen disfrutarlo.

Quizás eso significa irse de viaje. Quizás significa finalmente hacer esa cosa de la que siempre quisieron hacer. Quizás significa un viaje por carretera que han estado posponiendo por décadas. Son bienvenidos a invitarnos si nos quieren ahí—pero es su recorrido. Su ruta. Sus kilómetros para manejar como quieran.

Lo que sea que les traiga alegría mientras todavía están aquí para experimentarlo.

Cuando se hayan ido, no voy a atesorar "el carro de lujo." No voy a manejarlo pensando, "Qué bueno que guardaron esto para mí." Voy a terminar vendiéndolo y tratando de descifrar qué hacer con todas las cosas que dejaron.

¿Pero verlos realmente vivir? ¿Verlos disfrutar lo que construyeron en lugar de solo preservarlo para nosotros? Eso se queda conmigo.

Ver a mi hijo ver a sus abuelos no como personas que guardaron todo para después, sino como personas que sabían cómo vivir mientras todavía podían.

Esa es la herencia que atesoro.

No la casa con objetos que terminaré tirando. No el carro de lujo que venderé porque no encaja en mi vida. Sino el recuerdo de verlos felices. La prueba de que no solo trabajaron toda su vida para dejar cosas atrás—realmente disfrutaron el viaje.

Eso es lo que elegiría para ellos. Toda la vida.

Porque las posesiones se dividen, se venden, se pierden, se olvidan. ¿Pero esas experiencias? Esas se vuelven parte de cómo los recuerdo. Esas se vuelven parte de lo que cargo. Esas se vuelven parte de lo que le cuento a mi hijo sobre quiénes fueron sus abuelos.

Ese es su legado. No lo que dejaron PARA mí, sino lo que dejaron EN mí.

Eres un Pasajero en Su Viaje

Has estado pensando en los pasajeros en tu carro. La gente viajando contigo. Las diferentes versiones de ti que han experimentado.

Pero también eres pasajero en el carro de alguien más.

Si tienes hijos, su viaje no es tuyo. Estás viajando con ellos, pero no estás manejando. Ellos están detrás del volante de sus propias vidas.

Estás en el asiento del pasajero, quizás ofreciendo direcciones, quizás señalando cosas que no han notado, pero al final ellos son los que controlan hacia dónde va el carro.

Lo mismo con tu pareja. Tus amigos. Tus compañeros de trabajo. Cualquier persona en tu vida.

No manejas su ruta. Vas con ellos durante una parte de ella. A veces estás ahí por años. A veces solo por unos kilómetros. Pero nunca estás en su asiento del conductor—ese es solo de ellos.

Lo que puedes hacer es influir cómo manejan.

¿La confianza que sienten navegando su ruta? Afectaste eso.

¿La manera en que manejan obstáculos? Les mostraste enfoques que quizás no habían considerado.

¿La paciencia que tienen durante tramos difíciles? Aprendieron algo de eso de verte.

No manejaste por ellos. Manejaste CON ellos. Y eso hizo su manejo diferente de lo que habría sido sin ti.

Ese es TU legado en su viaje.

El Odómetro Que Se Queda

Cuando el viaje de alguien termina, su odómetro no desaparece.

Cuando alguien que amas deja de manejar—cuando se estacionan por última vez—todos esos kilómetros que viajaron, todas esas rutas que tomaron, toda esa distancia que cubrieron... no se desvanece simplemente.

Permanece. En todos los que viajaron con ellos.

Todavía estás cargando kilómetros que tus seres queridos manejaron. Rutas que te mostraron. Vueltas que te enseñaron a tomar. Maneras de pensar que te pasaron durante largos viajes juntos.

Ya no están manejando. Pero su kilometraje todavía se está acumulando—en ti. En cómo manejas. En las decisiones que tomas. En las rutas que tomas, porque te mostraron que esos caminos existían.

Su odómetro se quedó. Su influencia continúa.

Eso no es metafórico. Eso no es una filosofía reconfortante para hacer que la muerte se sienta menos gacha. Eso es simplemente lo que realmente pasa cuando verdaderamente has influido en alguien.

Te vuelves parte de cómo navegan el resto de su viaje.

Cómo Los Hiciste Sentir

Tu amigo no recordará cada conversación que tuvieron. Tu hijo no recordará cada pieza de consejo que le diste. Tu pareja no recordará cada cita que planeaste.

Pero recordarán cómo los hiciste sentir.

¿Los hiciste sentir capaces? ¿Los hiciste sentir vistos? ¿Los hiciste sentir como que podían manejar cualquier camino en el que estuvieran?

¿O los hiciste sentir inadecuados? ¿Constantemente comparados? ¿Como si siempre estuvieran quedando cortos?

Ese sentimiento—eso es lo que se queda. Eso se vuelve parte de cómo se ven a sí mismos. Eso es lo que influye su manejo por años después de que hayas dejado de viajar con ellos.

Quizás les diste un carro. Quizás les pagaste la educación. Quizás les dejaste dinero.

¿Pero si los hiciste sentir incompetentes mientras lo hacías? ¿Si los hiciste sentir como que nada de lo que hacían era suficientemente bueno? ¿Si los hiciste sentir como que siempre estaban siendo medidos y que nunca daban la talla?

Lo que dejaste atrás no es el carro o el título o la herencia. Tu legado es ese sentimiento.

Y ese es el que nunca expira.

Los Pasajeros Que Ya Has Influido

Has estado manejando por años. Décadas, probablemente. Y todo ese tiempo, has tenido pasajeros.

Gente ha estado en tu carro, viendo cómo manejas el estrés. Viendo cómo reaccionas cuando las cosas salen mal. Viendo cómo tratas a otros conductores. Viendo cómo navegas cuando estás perdido.

Tus hijos te vieron agarrar el volante muy fuerte cuando el dinero escaseaba. Absorbieron esa ansiedad, hablaras o no de ello.

Tu pareja vio cómo manejabas el conflicto—si te mantenías calmado o escalabas, si escuchabas o te defendías. Eso les mostró algo sobre cómo funcionan los desacuerdos en su vida compartida.

Tus amigos vieron cómo hablabas de gente que no estaba ahí. Si eras amable o crítico. Si se podía confiar en ti con información sensible o si todo se convertía en chisme.

Les estuviste enseñando todo el tiempo. No a través de sermones. A través de presencia. A través del ejemplo. A través de la versión de ti que apareció cuando pensaste que nadie ponía tanta atención.

Estaban poniendo atención.

Y ahora están manejando con algo de lo que les mostraste.

Ese ya es tu legado. Ya está pasando. Ya estás dejando algo EN la gente a tu alrededor.

La única pregunta es ¿qué estás dejando?

No Puedes Controlar Su Memoria

¿Recuerdas la parte anterior de este viaje donde hablamos de que las memorias le pertenecen a otras personas? Cómo no puedes controlar qué recuerdan o cómo lo recuerdan.

Lo mismo aplica aquí.

No puedes forzar a la gente a recordarte de cierta manera. No puedes escribir el guión de cómo vivirás en sus mentes. No puedes controlar si se enfocan en tus mejores momentos o los peores.

Su memoria de ti es de ellos. Su experiencia de viajar contigo es de ellos. La versión de ti que cargan hacia adelante es su versión, no tu versión corregida.

Lo que puedes controlar es el quién eres mientras estás manejando.

Puedes controlar tu presencia. Puedes controlar si eres paciente o reactivo. Puedes controlar si haces que la gente se sienta capaz o inadecuada. Puedes controlar si tus pasajeros salen de tu carro mejor por haber viajado contigo.

No puedes controlar qué recuerdan. Pero puedes controlar qué les das para recordar.

Y eso importa más de lo que crees.

Los Difuntos Con Los Que Aún Conduces

Ahora mismo, no estás solo en tu carro. Lo sabes, ¿verdad?

Todos los que te influyeron—todos los que te mostraron cómo manejar ciertos caminos, que te enseñaron enfoques que todavía usas, que te dieron perspectivas que todavía cargas—siguen viajando contigo.

¿Tu abuelo, que te enseñó a mantenerte calmado en emergencias? Está ahí cuando manejas una crisis sin entrar en pánico.

¿Tu maestra que te mostró cómo desglosar problemas complejos? Está ahí cuando abordas algo abrumador y sabes cómo atacarlo pieza por pieza.

¿Tu primo que te enseñó que está bien tomar la ruta escénica a veces? Está ahí cuando bajas la velocidad para disfrutar algo en lugar de pasar corriendo.

Ya dejaron de manejar. Pero su influencia todavía está activa. Sus kilómetros todavía se están acumulando porque todavía estás aplicando lo que te enseñaron.

Eso es lo que el legado realmente es. No monumentos o cuentas de banco o posesiones divididas entre herederos.

Es la manera en que la presencia de alguien sigue afectando cómo manejas mucho después de que han dejado de hacerlo.

Lo Que Estás Construyendo Ahora Mismo

Cada vez que te presentas para alguien—realmente presente, no solo físicamente presente sino realmente ahí—estás construyendo tu legado.

Cada vez que haces que alguien se sienta capaz en lugar de inadecuado, estás dejando algo EN ellos.

Cada vez que muestras paciencia en lugar de impaciencia, estás enseñándole a alguien cómo manejar la frustración.

Cada vez que te quedas presente en lugar de distraído, estás mostrándole a alguien lo que significa valorar el momento en el que estás.

No estás construyendo un monumento. No estás acumulando

logros para tu elogio fúnebre. No estás coleccionando evidencia de que importaste.

Estás influyendo cómo maneja la gente. Ahora mismo. Hoy. En este momento.

Ese es TU legado.

No lo que dejarás atrás cuando te vayas. Lo que estás dejando EN la gente mientras estás aquí.

La Única Competencia Que Importa Para Esto

Competir contra ti mismo, como hablamos antes, significa ser mejor hoy de lo que fuiste ayer.

Significa preguntarte: ¿Estoy haciendo que la gente se sienta más capaz o menos capaz que ayer? ¿Estoy mostrándome más presente o más distraído? ¿Estoy influyendo a la gente hacia la paciencia o hacia la ansiedad?

Estás compitiendo con la versión de ti de ayer como presencia en las vidas de otras personas.

No el comparativo de si "fui más exitoso." No ese "logré más."

Sino "¿hice que la gente a mi alrededor se sintiera más capaz de manejar sus propias rutas?"

Esa es la competencia que determina lo que realmente dejas atrás.

El Volante Que Controlas

Controlas tu presencia. Controlas tu ejemplo. Controlas si haces el viaje de alguien más fácil o más difícil por cómo te presentas en su asiento de pasajero.

No controlas su ruta. No controlas su destino. No controlas si te recuerdan con cariño o si su memoria se enfoca en momentos que desearías poder rehacer.

Pero controlas quién eres ahora mismo, en este momento, con la gente viajando contigo.

Y eso importa.

Años de ahora, cuando ya no estés ahí, todavía van a estar manejando con algo que les diste.

¿Qué quieres que sea eso?

No lo que quieres que piensen de ti. No cómo quieres ser recordado. Sino ¿qué quieres dejar EN ellos que haga su viaje mejor?

¿Tu paciencia? ¿Tu manera de pensar los problemas? ¿Tu habilidad de mantenerte calmado cuando las cosas se ponen caóticas? ¿Tu negativa a comparar su ruta con la de nadie más?

Eso es lo que realmente se queda. Eso se vuelve parte de cómo navegan sus propias vidas.

El legado no es sobre ti. Es sobre ellos.

Lo que dejas EN la gente—eso es lo que importa. Eso es lo que dura. Eso sigue influyendo rutas que nunca manejarás.

El carro se vende. El dinero se gasta. La casa se vende.

¿Pero la manera en que hiciste sentir a alguien? ¿El enfoque de vida que mostraste? ¿La confianza que construiste en ellos? ¿La perspectiva que compartiste?

Eso se queda. Eso se vuelve parte de su odómetro. Eso sigue acumulando kilómetros mucho después de que hayas dejado de manejar.

No hay examen calificando si dejaste la cantidad correcta de dinero o la herencia perfecta.

Solo está la gente con la que viajaste, la influencia que tuviste, y lo que cargan hacia adelante porque estuviste ahí.

Ese es el legado que importa.

Y lo estás construyendo ahora mismo.

Parte Ocho

ORILLÁNDOTE

Llegamos a mi destino, el tuyo aún por delante

Capítulo 22

MÁS ALLÁ DE TU RETROVISOR

Mientras avanzas kilómetro tras kilómetro, tu espejo retrovisor te muestra algo que no puedes controlar.

Has pasado todo este viaje aprendiendo sobre tu ruta. Tu odómetro. Tu volante. Tu ritmo. Todo lo que pasa en el camino a tu alrededor, todo lo que puedes ver mientras manejas.

¿Pero qué pasa después?

¿Qué sucede cuando alguien toma una salida que tú no estás tomando? ¿Cuando se incorporan al tráfico y desaparecen de tu vista? ¿Cuando los carros detrás de ti se vuelven puntos en la distancia, y luego desaparecen por completo?

La Parte Ocho trata sobre lo que continúa más allá de tu espejo retrovisor.

¿Esos carros que estaban justo detrás de ti hace veinte minutos? Ahora son puntos. Algunos tomaron salidas. Algunos cambiaron de carril. Algunos siguen por ahí atrás en algún lugar, pero ya no puedes distinguir cuáles.

Todos continúan en rutas que nunca verás. Rutas que afectaste sin saber a dónde iban.

Eso es lo que explora este último tramo.

La Influencia Que Liberas

Hubo una película en los 90s llamada *Twenty Bucks*. Toda la trama sigue a un billete específico de veinte dólares mientras pasa de persona a persona. Un regalo de boda se convierte en propina para una stripper, que se convierte en la comida de un indigente, que se convierte en el pasaje de autobús de alguien. Cada persona tiene su momento con el billete, luego pasa a la siguiente mano, viajando a través de vidas e historias que el dueño anterior nunca verá.

Tu influencia funciona exactamente como ese billete de veinte dólares.

Afectas a alguien. Tal vez los dejaste incorporarse al carril. Tal vez dijiste buenos días cuando necesitaban escuchar una voz humana. Tal vez detuviste la puerta cuando cargaban demasiado. Esa influencia entra en su vida, se vuelve parte de cómo ven el mundo, y potencialmente afecta cómo tratan a la siguiente persona. Y luego sigue viajando —de mano en mano, de vida en vida, de ruta en ruta.

Nunca llegas a seguir a dónde va.

Imagina si pudieras. Imagina si tuvieras esa cámara omnisciente de la película, rastreando tu influencia como rastreaba ese billete de veinte dólares. Verías exactamente a dónde viajaron tus pequeños actos. A través de tu colonia. A través de tu ciudad. A través de personas que nunca conocerás, que fueron influenciadas por alguien que tú influenciaste, que fue influenciado por algo que hiciste un martes por la mañana cuando ni siquiera estabas pensando en ello.

Para bien o para mal, verías la onda expansiva completa. Cada ola. Cada dirección en que viajó tu influencia. Cada ruta que cambió.

Pero no puedes. No tienes esa cámara. Solo liberas tu influencia al mundo y confías en que está viajando a lugares más allá de tu visibilidad.

Y a veces—más seguido de lo que pensarías—esa influencia crea ondas que nunca verás. Cambia rutas de maneras que nunca sabrás. Afecta a personas que nunca conocerás.

Las Historias del Embotellamiento

Cada vez que hay un embotellamiento en una película, la cámara hace lo mismo. Muestran una toma aérea haciendo un paneo a cientos de carros, luego hace *zoom* para encontrar el vehículo del personaje principal. Todos los demás son solo tráfico. Fondo. Extras. Obstáculos en la historia del protagonista.

¿Qué tal si ahora mismo la cámara hiciera *zoom* hacia AFUERA? ¿Qué tal si pudiéramos elegir cualquier carro en este embotellamiento y seguir su historia hacia atrás?

La mujer que va en el sedán azul. Se despertó a las 5:30 a.m. esta mañana aunque no tenía que estar en el trabajo hasta las 9 a.m. Hizo el desayuno para su hija. Empacó un almuerzo. No es de esta ciudad—se mudó aquí hace tres años por un trabajo que prometía crecimiento pero no ha cumplido. Está pensando en su madre allá en casa, que está envejeciendo y podría necesitarla pronto. El embotellamiento la está haciendo llegar tarde a la junta que finalmente podría cambiar las cosas, o podría confirmar que necesita empezar a buscar en otro lado.

Vámonos más para atrás. Hace diez años. Estaba en la universidad, ciudad completamente diferente, saliendo con alguien con quien pensó que se casaría pero finalmente no lo hizo. Sus papás querían que regresara a casa después de graduarse, pero se negó. Esa decisión—esa negativa—la llevó a esta ciudad, este trabajo, este momento atorada en el tráfico pensando si había tomado las decisiones correctas.

Y solo estamos imaginando la historia de una persona. Un carro. En un embotellamiento con cientos de ellos.

Esa es la conciencia que te sensibiliza. Cada persona que encontraste hoy—el guardia de seguridad en el banco, el cajero en el súper, la persona que te cerró el paso sin poner la direccional—todos tienen una historia así de profunda. Todos fueron niños alguna vez, con juguetes favoritos y caricaturas favoritas y sueños sobre cómo sería su vida cuando crecieran.

Y si todos tienen una historia tan compleja que los lleva a este momento exacto, entonces todos también tienen una historia hacia adelante. El a dónde van después de cruzarse contigo. Qué pasa después en su ruta después de que sus caminos se cruzaron por esos pocos segundos.

Tu influencia—tu pequeño gesto o tu momento de impaciencia—se vuelve parte de esa historia hacia adelante. Solo vemos las partes de las personas que queremos ver—pero tu influencia alcanza partes de ellos que nunca presenciarás. Parte de a dónde van después en rutas que nunca verás.

Las Rutas Que Tomaron Después de Ti

Dejaste que alguien se incorporara. Te agradecieron haciendo un gesto con la mano. Ambos siguieron manejando.

¿A dónde iban? Tal vez corrían para alcanzar un vuelo para el funeral de su abuela. Tal vez tu gesto—esos tres segundos que les diste —hizo la diferencia entre alcanzar ese vuelo y perderlo. Entre decir adiós y vivir con arrepentimiento.

O tal vez solo iban al súper, y les ahorraste treinta segundos. Así sin tanto drama.

Nunca sabrás cuál.

Ahora mismo, en algún lugar de las redes sociales, podría haber una publicación: "Gracias al desconocido que me dejó incorporarme esta mañana cuando iba tarde a la entrevista más importante de mi vida." Nunca verás esa publicación. Ni siquiera sabrás sus nombres. Solo creas espacio, se incorporan, y sigues manejando.

Ese compañero que ha estado batallando—tal vez está lidiando con un problema familiar, tal vez apenas está aguantando. O el estudiante de intercambio tratando de navegar un ambiente completamente nuevo lejos de casa. No tienes que escarbar en sus vidas. No necesitas saber su historia para darte cuenta que llegar a este momento frente a ti probablemente tomó más esfuerzo de lo que te imaginas.

Si los ayudas significativamente—si muestras paciencia cuando cometen un error, si los incluyes cuando se ven perdidos, si los reconoces cuando todos los demás los tratan como muebles—te vuelves parte de su odómetro a partir de hoy. Parte de la ruta que recordarán cuando piensen en esta época de su vida.

El cajero teniendo una mañana terrible hasta que alguien lo miró a los ojos y le dijo buenos días. El guardia de seguridad que es tratado como parte del mobiliario hasta que alguien recuerda que es una persona. El desconocido que iba cargando demasiado, que solo necesitaba que alguien le detuviera la puerta sin hacerlo sentir una molestia.

Tus pequeños actos alteran el camino que siguen después. Y ellos solo continuan manejando. Toman salidas. Se incorporan a carriles que nunca transitarás. Continúan en rutas que nunca verás.

Y lo que sea que haya pasado después en su viaje—a dónde viajó tu influencia en su pensamiento, sus decisiones, su trato hacia la siguiente persona—eso está más allá de tu visibilidad ahora.

El Nombre del Vecino

A veces, somos completamente ciegos con la gente cercana a nosotros. Hace dos años, tuve una pelea silenciosa con mi vecino por un lugar donde colocábamos las bolsas de basura. Cosa simple. Cosa estúpida. El lugar era sobre la banqueta justo en el punto medio entre nuestras propiedades, y ambos apenas llevábamos menos del año viviendo ahí. Prácticamente cada noche, quien sacara su basura después, empujaba las bolsas del otro hacia su lado.

Comportamiento mezquino. Pero seguía pasando.

Entonces un día exploté. Lo vi haciéndolo desde la ventana. Salí gritando. Discutimos. Eventualmente acordamos—de mala gana— dejar la basura en el mismo lugar pero mirando hacia nuestras respectivas casas. La discusión terminó. Regresé adentro.

Diez minutos después le dije a mi esposa: "Voy a ir a su puerta."

Ella se preocupó porque pensó que fui a buscar pelea.

Toqué el timbre. "Hola, soy yo, tu vecino."

"Vengo a disculparme."

Expliqué que había tenido un mal día en el trabajo. Que exploté. Que no había excusa para gritarle por algo tan estúpido como un lugar de basura.

Sonrió. Intercambiamos números de teléfono.

Se llama Charly.

Ese detalle importa porque hasta ese momento, él era solo "el vecino." Un obstáculo. Alguien que me hacía la vida más difícil. En el momento que me disculpé, en el segundo que admití que estaba mal, se convirtió en una persona con nombre. Alguien que conocería. Alguien que se convertiría en un vecino más amable—saludando cuando nos topamos, cuidando las propiedades del otro.

Eso cambió visiblemente entre nosotros.

¿Cómo afectó ese momento su vida más allá de nuestras interacciones vecinales? Eso nunca lo sabré. Aparte, ni lo hice buscando hacer eso.

¿Cambió el cómo piensa él sobre el conflicto? Cuando alguien pierde la paciencia con él ahora—en el trabajo, con familia, con amigos—¿recuerda que su vecino regresó diez minutos después a disculparse? ¿Eso lo hace más propenso a des-escalar en lugar de guardar rencores?

¿Cómo se propagó esa disculpa a través de su paternidad? ¿Sus amistades? ¿Su visión del mundo sobre personas que explotan?

No lo sé, y no me importa. Esa nunca fue la razón por la que regresé. No estaba tratando de crear ningún efecto dominó ni enseñar una lección sobre resolución de conflictos. Tal vez no cambió nada—tal vez él ya era buena onda, y yo simplemente no lo sabía todavía. Tal vez la disculpa le importó, tal vez no.

Su ruta continuó más allá de mi espejo retrovisor. Puedo ver que somos buenos vecinos ahora. ¿Todo lo demás? Eso está más allá de donde alcanzo a ver.

La Influencia Que Lastima

No son solo ondas positivas. A veces tu influencia crea un daño que nunca ves.

Te metiste sin poner la direccional. No notaste que el carro detrás de ti tuvo que frenar bruscamente para evitar chocar. El niño en su asiento trasero se sacudió, empezó a llorar. La madre se estresó y no pudo orillarse en la autopista elevada para consolar a su hijo. Tú seguiste manejando completamente inconsciente de que esto pasaba.

Tu impaciencia afectó la ruta de alguien, y no tenías idea.

O estás en la caja del súper. El cajero comete un error escaneando algo. Muestras frustración—no gritando, solo una mirada, tal vez un suspiro. Él ya estaba teniendo un día difícil. Ya se sentía incompetente. Tu reacción confirma su miedo de que es malo en su trabajo.

Se va a casa sintiéndose peor consigo mismo por una interacción de dos segundos que tú olvidaste inmediatamente.

Dijiste algo despectivo a alguien que apenas estaba aguantando. Tu comentario—con intención de broma, o solo sin pensar—se convirtió en lo que los empujó a renunciar al trabajo.

Fuiste impaciente con alguien que solo estaba haciendo su mejor esfuerzo. No te diste cuenta de que era nuevo, o estaba lidiando con algo difícil, o ya se sentía como que no podía hacer nada bien.

El punto no es volverte paranoico sobre cada interacción. El punto es que tu influencia se esparce en direcciones que no puedes ver. A veces positiva. A veces negativa. Usualmente nunca sabrás cuál.

Igual como ese billete de veinte dólares que no sabe si compró la medicina de alguien o alimentó la adicción de alguien. Solo viaja de mano en mano, creando impactos más allá de su conciencia.

Lo mismo pasa con tu influencia.

Las Matemáticas Que Nadie Registra

Tres pequeños actos hoy. Dejar que alguien se incorpore. Decir buenos días. Detener una puerta.

Ahora imagina que esas tres personas hacen lo mismo—dejan que tres personas se incorporen, saludan a tres desconocidos, detienen tres puertas. Pasaste de tres a doce personas afectadas (3+9).

Esas doce afectan, cada una, a tres más. Ahora estás en treinta y nueve personas (3+9+27).

Mira lo que pasa cuando sigues. Treinta y nueve se vuelve 120 (3+9+27+81). 120 se vuelve 363 (3+9+27+81+243). Los números empiezan a multiplicarse rápido. Para la quinta iteración, ya son más de mil personas (1,093). Para la séptima, ya son casi diez mil (9,841).

¿Diez iteraciones después? 265,719 personas.

Tres actos. 265,719 personas.

Así que efectivamente, "cambiemos el mundo una incorporación a la vez" no es solo una frase bonita para este libro. Las matemáticas realmente lo respaldan.

Y es completamente invisible.

No estás registrando nada de esto mientras dejas que alguien se incorpore. Solo actúas en ese momento. Y esa sola decisión se multiplica a través de vidas que nunca conocerás, creando momentos que nunca presenciarás, afectando rutas que se ramifican en otras rutas que se ramifican en otras rutas.

La influencia se multiplica a una escala que no puedes medir. Eso no es una limitación—ese es el poder de ello.

Lo Que Esto Podría Cambiar Para Ti

Tal vez este libro cambia cómo aprecias tu vida y las personas a tu alrededor. Todos quisiéramos ser la mejor versión de nosotros mismos. Tal vez dejas de vivir en modo cuenta regresiva, dejas de sentirte calificado cada día, empiezas a manejar sin esa presión constante de ser medido contra la ruta de todos los demás.

Tal vez esperabas que el tema estuviera abordado diferente. Tal vez tu amigo que te lo recomendó te dijo que trataba de otra cosa. Tal vez simplemente no estás en un lugar donde algo de esto resuene.

Tal vez estuviste de acuerdo con todo, pero nada cambia porque leer no es lo mismo que implementar.

O tal vez solo una oración en algún lugar cambió todo para ti, y el resto fue solo contexto llevando a ese momento.

Nunca sabré cuál fue el resultado.

Este libro es solo la influencia que yo estoy dejando en tu ruta. Está viajando contigo ahora hacia lugares que nunca veré. Tal vez cambia cosas. Tal vez no. Tal vez te afecta más de lo que podría imaginar, o tal vez lo olvidarás completamente.

Eso es lo que pasa cuando la influencia viaja más allá de tu espejo retrovisor. La liberas. Confías en que va a donde necesita ir. Y sigues manejando hacia adelante sin saber el resultado.

Lo mismo pasa con cada pequeño acto que creas. Cada gesto. Cada momento donde tu ruta se cruzó con la de alguien más y tu influencia se volvió parte de a dónde fueron después.

Solo la liberas y sigues manejando.

Más Allá de Tu Visibilidad

No hay ningún tablero monitoreando a dónde viajaron tus pequeños actos. Ninguna boleta de calificaciones rastreando cuántas personas fueron afectadas por esa cosa que hiciste esa mañana cuando solo estabas tratando de ser decente.

Solo manejas. Creas momentos. Afectas rutas. Y luego esas personas continúan en caminos que nunca verás, hacia destinos que nunca conocerás, cargando influencia que liberaste sin saber a dónde iría.

Algo de esa influencia continuará por años. Décadas. Tal vez generaciones. Viajando a través de rutas tan alejadas de la tuya que la conexión de regreso a tu acto original sería imposible de rastrear aunque pudieras verla.

Eso no es una falla en la Matrix. Eso no es algo que deberías haber monitoreado mejor. Así es como funciona la influencia cuando todos manejan su propia ruta.

Tu espejo retrovisor te muestra a las personas por un momento después de que sus rutas se cruzan. Luego se van perdiendo a lo lejos. Toman salidas. Se quedan atrás de ti. Y su ruta continúa más allá de tu visibilidad.

Alguna vez quisiste ser un *influencer*? Bien, pues lo eres.

Influenciaste a esa persona. Cambiaste algo. Creaste un momento que se volvió parte de a dónde fueron después.

¿Pero qué pasó después de eso? ¿A dónde fueron? ¿Qué cambió tu influencia de maneras que no puedes ver?

Eso está más allá de tu espejo retrovisor.

Y sigues manejando hacia adelante en tu propia ruta, creando más momentos, afectando a más personas, liberando más influencia hacia direcciones que nunca verás.

No hay examen calificando si monitoreaste todo correctamente.

Solo está la ruta adelante, los pequeños actos que creas, y la confianza de que tu influencia está viajando a lugares más allá de tu visibilidad—cambiando rutas que nunca manejarás, afectando personas que nunca conocerás, creando ondas que nunca verás.

Ese es el territorio más allá de tu espejo retrovisor.

Y es más grande de lo que jamás sabrás.

Capítulo 23

CONTROL DE CRUCERO APAGADO

E n cualquier momento puedes cambiar. Incluso si ya llevas manejando tanto tiempo de la misma manera.

Kilómetros atrás, te medías contra todos.

Cada carro que te pasaba se sentía como un fracaso. Cada carro que rebasabas se sentía como ganar. Estabas compitiendo contra rivales imaginarios en una autopista que nunca tuvo una línea de meta.

Vivías como si hubiera un examen. Como si alguien estuviera calificando tu velocidad, tu ruta, tus decisiones. Como si hubiera una hoja de puntuación en algún lugar registrando si estabas manejando correctamente.

Ahora mírate.

Sabes que TÚ eres tu propio punto de referencia. Entiendes que tu ruta es tuya—ni mejor ni peor que la de nadie más, solo tuya. Ves hoy como el 100% de tu vida, no preparación para algo más. Te enfocas en tu volante, no en la velocidad de todos los demás. Estás construyendo un legado a través de el estar presente, no a través de lo que dejarás atrás cuando te estaciones.

Ya no eres el mismo conductor que empezó este viaje.

Lo Que Realmente Cambió

Tal vez todo cambió. Tal vez solo una cosa. Tal vez algo en un punto medio.

Pero algo cambió.

Dejaste de competir contra carros que nunca estaban compitiendo contigo. Dejaste de comparar tu odómetro con el kilometraje de todos los demás. Dejaste de pensar que el carril te pertenecía. Dejaste de tocar el claxon por cada pequeña ofensa percibida.

Empezaste a ver a otros conductores como personas en sus propias rutas en lugar de obstáculos en la tuya. Empezaste a medir el progreso contra tu yo de ayer en lugar de todos a tu alrededor. Empezaste a entender que tus recuerdos te pertenecen a ti y sus recuerdos les pertenecen a ellos.

Desaprendiste la competencia. Desaprendiste la división. Desaprendiste la trampa del consejo. Desaprendiste el arrepentimiento.

No porque hayas terminado de aprender. No porque lo hayas descifrado todo. No porque te hayas graduado de un programa o completado algún curso en Udemy.

Sino porque pasaste estos kilómetros examinando cómo manejas, y en algún punto del camino, tu perspectiva cambió.

La autopista se ve diferente ahora. No porque la autopista haya cambiado. Sino porque tú la estás viendo diferente.

Esta Es Tu Vida Ahora

No aprendiste una filosofía. No adoptaste un método. No memorizaste un sistema.

Cambiaste el CÓMO ves la vida.

Y eso no es algo que enciendes y apagas. Eso no es algo que aplicas cuando es conveniente. Eso no es una técnica que usas en ciertas situaciones.

Simplemente así manejas ahora.

Cada mañana que despiertas, no hay examen ese día. Nadie está calificando si estás viviendo correctamente. Nadie está midiendo tu progreso contra un estándar universal. Nadie te está clasificando contra todos los demás que también están tratando de descifrar cómo navegar su ruta.

Cada interacción que tienes, no hay calificación siendo registrada. Ninguna hoja de puntuación marcando si la manejaste perfectamente. Ningún juez determinando si tu respuesta fue óptima.

Cada decisión que tomas, no hay una respuesta universal correcta. Solo la decisión que tiene sentido para tu ruta, a tu ritmo, con tus circunstancias específicas que nadie más entiende completamente porque no están manejando tu carro.

Esto ya no es filosofía. Esta es tu vida real.

No "practicas" verte como tu propio punto de referencia. Simplemente eres tu propio punto de referencia. Así funciona la perspectiva.

No "recuerdas" enfocarte en tu volante. Simplemente te enfocas ahí ahora porque entiendes que eso es lo que puedes controlar.

No "intentas" ver hoy como el 100% de tu vida. Simplemente lo ves así ahora porque entiendes que este momento es el único que realmente estás viviendo.

El cambio ya sucedió. No es algo hacia lo que estás trabajando. Es algo que eres.

La Autopista No Ha Cambiado

Este libro termina.

El tráfico no.

Mañana por la mañana, te subirás a tu carro, y la autopista se verá exactamente igual. Los mismos carriles. Las mismas reglas. Los mismos otros conductores navegando sus propias rutas a sus propias velocidades.

La cultura seguirá tratando de programarte. Las redes sociales seguirán tratando de medirte. La sociedad seguirá tratando de compararte. La familia seguirá tratando de competir a través de ti.

Tu ciudad natal seguirá juzgándote por tu carro. Tus vecinos seguirán importándoles tu casa. Tus parientes seguirán preguntando cuándo te vas a casar, tener hijos, o ser promovido.

El chisme seguirá circulando. Los juegos de estatus continuarán.

Las competencias imaginarias seguirán existiendo en la mente de quienes las necesitan.

Nada de eso cambió porque leíste un libro.

La autopista opera de la misma manera que siempre ha operado. Los otros carros siguen manejando como si hubiera un examen. La cultura sigue transmitiendo el mismo mensaje. La programación sigue corriendo en cada pantalla, en cada conversación, a través de cada interacción.

Pero tú eres diferente.

Lo ves diferente ahora. Respondes diferente ahora. Ahora conduces por ello de forma diferente. Sin el estrés constante. Sin el peso de calificaciones imaginarias. Sin la ansiedad de cómo te comparas.

El estrés que solías cargar—siendo constantemente medido, constantemente comparándote, constantemente sintiéndote calificado—ese peso se levantó en algún punto de este viaje. No porque el mundo dejó de ser estresante. Sino porque dejaste de creer que el estrés era necesario.

No estás compitiendo, así que no puedes perder. No estás siendo calificado, así que no puedes reprobar. No estás en una carrera, así que no puedes quedarte atrás.

La presión sigue ahí. Pero ya no te llega de la misma manera. Quizás hemos estado haciendo las preguntas equivocadas—en lugar de "¿Estoy ganando?" es un "¿Estoy manejando?"

Cuando la cultura te dice que compitas, reconoces el bucle infinito antes de entrar en él. Cuando las redes sociales tratan de calificarte, recuerdas que nadie está realmente llevando cuenta. Cuando la sociedad te mide contra estándares arbitrarios, sabes que te estás midiendo contra tu yo de ayer en su lugar.

La presión no desapareció. Solo dejaste de creerla.

Las comparaciones no pararon. Solo dejaste de participar.

El examen imaginario no se desvaneció. Solo te diste cuenta de que nunca fue real.

Y eso es suficiente.

No necesitas que el mundo cambie. No necesitas que todos los demás dejen de competir. No necesitas que la cultura deje de programar o las redes sociales dejen de medir o la sociedad deje de comparar.

Solo necesitas seguir manejando tu ruta a tu ritmo con tu enfoque en tu propio volante.

La autopista es la misma. Tú eres diferente.

Eso es lo que importa.

Manejando Consciente

¿Por cuántos kilómetros estuviste en control de crucero?

Siguiendo la velocidad a la que iban todos a tu alrededor. Quedándote en el carril que la cultura te dijo que condujeras. Tomando la salida que la sociedad esperaba. Compitiendo, porque eso es lo que aprendiste a hacer. Midiendo, porque eso es lo que te enseñaron que importaba.

Piloto automático. Respuestas programadas. Reacciones automáticas. Guiones culturales reproducidos sin tu participación consciente.

No estabas realmente manejando. Estabas siendo manejado—por expectativas, por programación, por creencias heredadas sobre lo que significa el éxito y cómo debería verse la vida y lo que se supone que debes querer.

Pero has estado manejando manualmente por kilómetros ya—quizás apenas lo notaste.

Tomaste el control manual. Liberaste tu mente de la configuración de control de crucero que alguien más programó. Empezaste a tomar decisiones conscientes en lugar de automáticas. Empezaste a cuestionar si la ruta que todos los demás toman es la ruta que tiene sentido para ti.

Estás manejando ahora. Realmente manejando.

No de manera perfecta. No sin cometer errores. No sin ocasionalmente olvidar y caer de vuelta en viejos patrones.

Pero conscientemente. Intencionalmente. Con la conciencia de que eres tú quien sostiene el volante, pisa los pedales, elige los carriles, decide la velocidad.

El control de crucero está apagado. Y no lo vas a volver a encender.

Lo Que Llevas Hacia Adelante

Esta conciencia no se va.

No es algo que olvidarás cuando cierres este libro. No es algo que se desvanece cuando regresas a tu vida regular. No es claridad temporal que se desvanece cuando el mundo real regresa de golpe.

No puedes dejar de ver lo que has visto. No puedes desaprender lo que ahora entiendes.

Te lo recordarán cada día. Cada vez que te subas a tu carro real, enciendas el motor, te incorpores a tu *commute* real—lo recordarás. La carretera no es solo un lugar del que estás leyendo. Es donde vives.

Seguirás enfrentando presión. Seguirás encontrando competencia. Seguirás escuchando voces diciéndote que te midas contra todos los demás.

Pero lo reconocerás ahora. Lo verás por lo que es. Y elegirás si participar o mantener tus ojos en tu propio camino.

Algunos días manejarás con claridad perfecta, recordando todo lo que has aprendido, navegando con confianza.

Algunos días caerás de vuelta en viejos patrones, empezarás a compararte con otros, sentirás el jalón de competencias imaginarias.

Ambos están bien. Ambos son parte del manejo de tu ruta. No estás tratando de lograr consistencia perfecta. Solo estás tratando de manejar más conscientemente más seguido de lo que lo hacías antes.

Y lo harás. Una vez que ves que no hay examen, no puedes pretender que existe. Una vez que entiendes que eres tu propio punto de referencia, no puedes medirte desde las coordenadas de alguien más. Una vez que reconoces que tu ruta es tuya, no puedes manejar como si estuvieras en el camino de alguien más.

El cambio es permanente. No porque nunca olvidarás. Sino porque incluso cuando olvides, recordarás de nuevo. La conciencia está ahí ahora. No desaparece solo porque no estés pensando en ello cada momento.

Estás Más Que Listo

Durante todo este viaje, hemos estado viajando juntos.

He estado señalando cosas. Mostrándote lo que he notado. Compartiendo una perspectiva que me ayudó a dejar de vivir como si hubiera un examen calificando cada decisión que tomo.

Lo has estado procesando. Probándolo contra tu propia experiencia. Decidiendo qué resuena y qué no. Haciéndolo tuyo en lugar de solo aceptarlo.

Y ahora estás listo.

No porque hayas dominado todo. No porque lo hayas descifrado todo. No porque nunca volverás a batallar con estos conceptos.

Sino porque los entiendes ahora. Tu perspectiva ha cambiado. La conciencia existe. El control de crucero está apagado.

Estás listo para seguir manejando—conscientemente, intencionalmente, con tus ojos en tu propio camino en lugar del de todos los demás.

La autopista no ha cambiado. El tráfico sigue ahí. La presión sigue existiendo.

Pero tú eres diferente. Y eso es lo que importa.

No eres el conductor que eras cuando empezamos este viaje. Ya no te estás midiendo contra estándares imaginarios. No estás compitiendo en carreras que no existen. No estás viviendo como si hubiera un examen.

Solo estás manejando. Tu ruta. Tu ritmo. Tus decisiones. Todavía estamos aquí. Todavía estás en el camino. Eso es lo que importa.

Y eso es exactamente lo que deberías estar haciendo.

Porque no hay examen. Nunca lo hubo.

Solo estás tú en tu ruta, manejando hacia lo que sea que venga después.

El control de crucero está apagado.

¿Estás listo?

Capítulo 24

ESTA ES MI PARADA

Se llegó el momento. Llegamos juntos hasta este punto y aquí es donde me bajo.

No porque el viaje termine. Tu ruta continúa. Pero este recorrido particular que hemos estado haciendo juntos—esta conversación que hemos estado teniendo por los últimos cientos de kilómetros—aquí es donde naturalmente concluye.

Lo Que Esto Realmente Fue

No te estaba enseñando cómo vivir. No tengo tus respuestas. Simplemente, no podría. Estás manejando una ruta que nunca he manejado, navegando condiciones que nunca he enfrentado, tomando decisiones basadas en circunstancias que no entiendo completamente porque son tuyas, no mías.

Lo que hice fue compartir perspectiva. Señalé patrones que noté en mi ruta. Te mostré lo que me ayudó a dejar de vivir como si hubiera un examen calificando cada decisión que tomo. Lo que me ayudó a vivir con menos estrés, menos ansiedad, menos peso en mis hombros. Una vida más feliz.

Y tú lo procesaste. Tomaste lo que compartí y lo pasaste a través de tus propias experiencias, tu propia lente, tu propio entendimiento de cómo realmente funciona tu vida. Decidiste qué resonaba y qué no. Lo hiciste tuyo—no copiando mi ruta, sino usando mis observaciones para entender la tuya propia.

¿Recuerdas la trampa del consejo? Eso no era solo sobre el consejo de otras personas. Eso también era todo el libro. Si tratas de manejar la ruta exactamente como la describí, vas a chocar. Porque mi ruta no es tu ruta. Mis obstáculos no son tus obstáculos. Mi destino no es tu destino.

Esto fue una conversación entre dos personas, con diferentes destinos, que coincidieron viajando en la misma dirección por un rato. Compartí lo que vi. Tú decidiste qué significaba para ti.

Eso fue todo lo que esto fue. Y eso es exactamente lo que necesitaba ser.

Ahora Ves Diferente

Puedes detectar la programación en todos lados ahora. No puedes dejar de verla.

Tomemos de ejemplo, la belleza de las celebridades. Alabamos a personas famosas por ser hermosas o bellos, pero si esa misma persona no fuera famosa, si no fuera rica, si solo estuviera trabajando en la tiendita de la esquina, tal vez ni la notaríamos. Su *Doppelgänger* existe en algún lugar, con la misma cara exacta, el mismo cuerpo, las mismas facciones. Pero no fantaseamos con la réplica. No ponemos a la gemela desconocida en portadas de revistas.

No estamos realmente alabando belleza. Estamos alabando posición. Estamos adorando estatus y llamándolo estética.

Lo mismo con los chistes de tu jefe. La gente se ríe más fuerte por el rol, no porque el humor haya mejorado.

Las mismas bandas que reciben enormes presupuestos de marketing y se vuelven sensaciones globales, mientras músicos con más talento, mejor coreografía, y habilidad superior permanecen desconocidos.

Alabamos a los famosos no porque sean mejores, sino porque estamos programados para adorar lo que ya ha sido elevado.

Ves eso ahora. Es obvio. Estás más consciente del patrón.

U observa cómo construimos tecnología. Cada nuevo robot humanoide se anuncia con la misma fanfarria—"¡Mira, puede hacer quehaceres domésticos!"

¿Pero por qué estamos obsesionados con copiar el cuerpo humano? Si la meta es utilidad, ¿por qué quedarnos con dos brazos en lugar de cuatro? *Hello there...* (sí, esa fue una referencia a *Star Wars*).

No estamos construyendo robots para ayudarnos. Los estamos construyendo para que se vean como nosotros. Estamos compitiendo contra nosotros mismos como especie. Tratando de superar la forma humana en lugar de resolver problemas reales.

El carro se volvió autónomo sin necesitar un robot sentado en el asiento del conductor. El sistema de lavandería podría SER el robot en lugar de construir una máquina con forma de persona para operar la lavadora.

Pero seguimos compitiendo con nuestro propio diseño corporal como si hubiera un examen en algún lugar calificando si exitosamente nos replicamos a nosotros mismos.

Incluso la frase "piensa fuera de la caja" es programación. La caja es la programación.

No pienses fuera de la caja. Piensa como si no hubiera caja.

No dejes que la programación sea tu punto de referencia. Siempre cuestiona si la caja existe en absoluto.

¿Pero el cambio más importante? ¿El que cambia tu vida diaria real?

Ya no ves NPCs.

Solías ver al barista como alguien que debería hacer tu café más rápido. Al conductor yendo lento como un obstáculo en tu camino. Al cajero que cometió un error como alguien que debería ser mejor en su trabajo. Funciones que deberían desempeñarse eficientemente.

Ahora ves oportunidades.

Cada interacción es una oportunidad de reconocer a otro ser humano. De ver a la persona detrás de la función. De practicar mostrarte como humano en lugar de tratar a las personas como escenografía de fondo en tu historia.

Pasaste de sentirte con derecho al servicio a estar agradecido por la oportunidad. De frustrado por obstáculos a apreciar cada momento donde puedes ver a alguien completamente en lugar de reducirlos a su rol.

El barista no está ahí para servirte. Son personas que están haciendo café hoy, igual que tú eres una persona que lo está ordenando. Esa es una oportunidad de conectar, aunque sea brevemente, como dos humanos compartiendo espacio en lugar de una persona extrayendo servicio de otra.

Eso es *omoiyari* viviendo en ti ahora. No como algo que practicas. Como algo que ves.

Hay otra capa en esto.

Ya no ves divisiones.

Tu ciudad natal te enseñó que hay nosotros y ellos. Tu grupo y otros grupos. Tu gente y esa gente. Equipos. Tribus. Categorías. Jerarquías.

Ahora ves a través de eso.

Todos son solo un conductor en su propia ruta. Sin equipos. Sin jerarquía. Sin más nosotros versus ellos. Solo individuos navegando sus propias autopistas a su propio ritmo con sus propios destinos que no tienen nada que ver con los tuyos.

La programación trató de hacerte pensar en divisiones. Ya no lo haces.

No puedes dejar de ver nada de esto ahora. El cambio de visión es permanente. No porque estés tratando de mantenerlo, sino porque una vez que ves claramente, no puedes pretender que el borrón era real.

El Verdadero Reto

Acabamos de reconocer que estás listo. Que has cambiado. Que el control de crucero está apagado.

Todo eso es cierto.

Pero aquí está la parte más difícil: mantenerte así.

El mundo no ha cambiado. La cultura sigue programando. Las redes sociales siguen midiendo. La sociedad sigue comparando. Todos a tu alrededor siguen manejando como si hubiera un examen.

Y el jalón de regreso es constante.

Vas a estar en la fila del súper y sentir que esa vieja frustración surge—¿por qué esta persona es tan lenta, qué no sabe que tengo lugares a donde ir?—antes de que te detengas y recuerdes que no son un NPC.

Vas a ver el éxito de alguien en redes sociales y sentir esa comparación colándose—ellos van adelante, tú vas atrás, no estás haciendo suficiente—antes de que recuerdes que tu odómetro mide tus kilómetros, no los de ellos.

Vas a escuchar la voz de tu ciudad natal en tu cabeza—deberías querer esto, deberías valorar aquello, deberías competir aquí—antes de que recuerdes que esas son creencias heredadas, no tus deseos auténticos.

La programación no deja de correr solo porque puedes verla ahora.

Esto no se trata de afirmaciones diarias ni mantras. Esto no se trata de recordarte cada mañana que no hay examen. Esto se trata de manejar intencionalmente en un mundo diseñado para ponerte de vuelta en piloto automático.

¿Puedes seguir viendo a los humanos cuando todos los tratan como funciones? ¿Puedes mantener tus ojos en tu camino cuando todos están viendo la velocidad de todos los demás? ¿Puedes seguir manejando tu ruta cuando la cultura sigue diciéndote qué ruta deberías tomar en su lugar?

Puedes. No perfectamente. No a cada momento. No sin ocasionalmente caer de vuelta en viejos patrones.

Pero más seguido que antes, sí. Y cuando caigas, lo notarás más rápido. Te atraparás más pronto. Regresarás al manejo consciente más rápidamente.

Porque la conciencia está ahí ahora. No se va. No es algo que estás trabajando para mantener. Es solo parte de cómo ves.

Con Lo Que Manejas

Completa a otros en lugar de competir con ellos.

En tu equipo. En tu familia. En tu relación. En tu trabajo. Completar a otros significa que todos ganan. Competir significa que alguien tiene que perder. No necesitas competir contra todos. No todo es una competencia. No hay examen.

Controla lo que puedes controlar. Tu volante. Tu velocidad. Tu carril. Tus decisiones. Eso es todo. No puedes controlar el tráfico. No puedes controlar el clima. No puedes controlar lo que hacen otros conductores. Enfócate en lo que realmente está en tus manos. Todo lo demás es solo ruido.

Tus recuerdos te pertenecen a ti. Nadie más estaba en tu cabeza cuando viviste esos momentos. No pueden cambiar lo que experimentaste. No pueden decirte qué significó. Tus recuerdos son solo tuyos—no están abiertos a debate, no están sujetos a la interpretación de alguien más. Lo que viviste es lo que viviste.

Ves a otros como humanos. No como NPCs. No como obstáculos. No como funciones. Personas con vidas completas que son tan reales y complejas como la tuya. Cada interacción es una oportunidad de reconocer eso. De mostrarte como humano en lugar de solo extraer lo que necesitas y seguir adelante.

Hoy es el 100% de tu vida. No una fracción esperando completarse. No preparación para mañana. Esto es. La vida que estás viviendo ahora mismo es la única que realmente estás experimentando.

Ve y dile a alguien lo que significan para ti.

Hoy.

Di esa cosa importante que has estado esperando el "momento correcto" para decir. No estás en modo cuenta regresiva—no hay un reloj corriendo. Pero hoy es el 100% de lo que tienes, así que vívelo como si importara. Porque sí importa.

No todos llegarán a la misma distancia que tú. Algunas rutas terminan antes que otras. Eso no es un fracaso. Eso no es quedarse atrás. Eso es solo realidad. Los viajes de algunas personas concluyen antes de lo esperado. Algunos después. No sabes cuál es el tuyo.

Eso no es para asustarte. Es para hacer que hoy importe aún más. No de manera de cuenta regresiva. Sino de manera presente, intencional. Estás aquí ahora. Las personas a las que puedes alcanzar hoy están aquí ahora. Llámalos.

Mi Salida

Tú continúas en tu ruta. Nuestros caminos divergen ahora.

Eso no es abandono. Así es como funcionan las rutas. Viajamos juntos por estos kilómetros. Tuvimos esta conversación. Compartimos este tramo de autopista.

Pero tu ruta continúa más allá de donde la mía para. Y eso es exactamente como debería ser.

Tienes el volante. Siempre lo has tenido, de hecho. Observa de cerca. El conductor siempre fuiste tú. Tus manos. Tus decisiones. Tu dirección. Nunca estuve manejando por ti. No podía. Es tu carro. Tu ruta. Tu vida.

Todo lo que hice fue ir de acompañante y señalar lo que noté. Compartir observaciones. Ofrecer perspectiva. ¿Pero cada kilómetro que recorriste? Ese fuiste tú manejando. ¿Cada cambio en cómo ves las cosas? Ese fuiste tú cambiando. ¿Cada decisión sobre qué resonó? Esa fuiste tú decidiendo.

Ya no me necesitas para señalar cosas. Puedes verlas tú mismo ahora.

La programación es visible para ti. Los NPCs se han vuelto humanos. Las divisiones se han disuelto. El examen imaginario ha sido revelado por lo que siempre fue—nada. No hay magia aquí—solo la realización que estuvo ahí todo el tiempo.

Ves tu ruta por lo que es: tuya. Has estado sosteniendo el atlas todo este tiempo. No mejor ni peor que la de nadie más. No adelante ni atrás. No ganando ni perdiendo. Solo tuya.

Y eso es suficiente.

No hay examen. Nunca lo hubo. Nadie está calificando tu ruta. Nadie está clasificando tus decisiones. Nadie está llevando cuenta de si estás haciendo la vida correctamente.

Solo estás tú en tu ruta, manejando hacia lo que sea que venga después.

Sabes cuál es tu punto de referencia, y puede que hayas pasado varios "obstáculos" para llegar aquí. Pero ahora estás viendo algunos conductores en el camino. Y vas a llegar a ellos, para que puedas lograr el éxito que necesitas. Ya te diste cuenta contra quién estás compitiendo. Ya sabes lo que significa tu 100%.

Sabes qué decisiones te trajeron a este momento. Estás aquí. Sabes que no todos llegarán a la misma distancia que tú. Generaciones anteriores te dijeron cómo manejar, pero ahora sabes que tus ojos solo necesitan estar enfocados en el camino adelante. Sin distracciones. Sabes todo esto. Siempre lo has sabido.

¿Listo? Toma el volante.

APÉNDICE A: REVISIÓN DE MOTOR

El 25 de noviembre de 2022, me diagnosticaron Asperger. Tenía 45 años.

El Asperger ahora está fusionado en el espectro autista, desde el último DSM. Soy autista (¡y con orgullo!). El diagnóstico cambió mi vida—no porque cambiara quién soy, sino porque finalmente explicó por qué proceso el mundo de la manera en que lo hago.

Pasé por el viaje de inclusión de tres pasos que describí en el libro: Conciencia > Aceptación > Indiferencia. Ese último es positivo. Como ser zurdo. Cableado diferente. No deficiente. Solo diferente.

El diagnóstico me dio dos cosas. Primero, explicaciones para patrones con los que había vivido toda mi vida. Soy hipersensible al ruido, así que ahora evito lugares ruidosos en lugar de forzarme a soportarlos sin saber que estaba enmascarando. Siempre necesité que las cosas tuvieran un sentido literal. No podía aceptar reglas sociales vagas sin cuestionarlas. Ahora entiendo por qué.

Segundo, me ayudó a abrazar una perspectiva que siempre he tenido—esta necesidad de ver las cosas desde diferentes ángulos, de cuestionar lo que todos los demás aceptan como normal.

De ahí vino el contenido de este libro. Mi cerebro Asperger necesita respuestas literales. Cuando veo competencia en todos lados, mi cerebro inmediatamente piensa: Ok, entonces ¿cuál es el premio? ¿Cuándo termina la competencia? ¿Cuáles son las reglas?

Y cuando no pude encontrar respuestas a esas preguntas—cuando me di cuenta de que NO HAY premio, NO HAY final, NO HAY reglas—mi cerebro concluyó: Entonces no hay competencia.

Esa realización se convirtió en "No Hay Examen." Una vez que vi ese patrón en la competencia, empecé a verlo en todos lados. Todos estos sistemas de calificación invisibles por los que la gente se estresa—ninguno de ellos realmente existe. Son constructos sociales abstractos que todos hemos acordado tratar como reales.

Y por mi autismo, no puedo aceptar constructos sociales abstractos sin evidencia. Si alguien me dice, "Necesitas mantenerte al nivel de los demás," mi cerebro pregunta, "¿Mantenerme al nivel de cuáles otros? ¿Por cuál métrica? ¿Quién está midiendo? ¿Quién decidió esto?"

Puede parecer que estoy desafiando la autoridad, pero genuinamente estoy buscando respuestas. O cuando alguien se despide diciendo "¡cuídate!" yo pienso: "Pues obviamente me voy a cuidar."

Entonces, mi enfoque inicial era escribir un libro sobre el punto de vista de una persona autista en la vida, pero luego decidí evitar esa ruta porque primero, si mencionaba mi autismo desde el principio sabía que podría predisponer a las personas a pensar que el libro era sobre autismo y por eso no hice el subtítulo "Un Enfoque Autista de la Vida" ni nada por el estilo. Y segundo, esto soy yo abrazando la fase de Indiferencia, lo que significa que no necesito anunciar mi diagnóstico. Este libro es para todos. Y el mensaje funciona sepas o no que soy autista.

Mi historia

No soy psicólogo. No soy terapeuta. No tengo entrenamiento formal en comportamiento humano o salud mental.

Estudié ingeniería mecánica. Trabajé 13+ años en deportes. Luego *Publishing*. Evolucioné hacia la industria de la tecnología. Estando alrededor de empresas tipo 'Silicon Valley' ya por más de cinco años. He pasado mi carrera como Gerente de Producto de IA en R&D, construyendo productos digitales y resolviendo problemas. Ese es mi tras-fondo. Analítico. Técnico. Empírico.

Incluso creé una página web sobre mí donde me trato como versio-namiento de software: **https://ericsalinas.dev** Ahí comparto pensa-mientos relacionados con tecnología, pero el experimento central para mí era el compartir mi desarrollo como un versionamiento con parches, actualizaciones menores y mayores. También comparto updates sobre mis libros. Si alguna vez me visitas allá, no te olvides de mirar por debajo del cofre.

Ese soy yo en pocas palabras. Soy raro y me encanta.

Este libro no vino de credenciales académicas. Viene de mi ruta—las experiencias específicas y circunstancias que me dieron esta pers-pectiva.

(Sí, viene de mi corazón, pero mi fijación por mantenerme en la metáfora ganó esta batalla interna.)

APÉNDICE B: CUANDO SE LES ACABA EL TANQUE

En 2022, durante nuestras Pláticas de Neurodivergencia en Wizeline (donde trabajo actualmente), un día el tema giró hacia temer la muerte de nuestros seres queridos—específicamente nuestros padres. Compartí mi perspectiva sobre la muerte, y la gente me dijo que les ayudó a pensar sobre la pérdida de manera diferente. Lo comparto aquí por si puede ayudar a alguien:

Por mi autismo y Asperger, soy muy pragmático sobre la muerte.

No le temo. No porque sea valiente o iluminado o desapegado. Sino porque la muerte es un hecho. No se puede deshacer. Es inevitable.

Incluso ahora, con todos los avances en GenAI, no puedes recrear a un ser querido. Podrías entrenar un LLM con su voz, sus patrones de comportamiento, su estilo de escritura. Podrías crear un avatar realista que se vea como ellos. Podrías generar respuestas que suenen como algo que dirían.

Pero ellos ya no están. La persona que realmente existió, que realmente vivió, que realmente influyó tu vida—esa persona se fue. La tecnología no cambia eso.

Por eso no le temo a la muerte.

Lo que realmente me preocupa

Sí me preocupo cuando alguien muere. Pero no por la persona que murió.

Me preocupo por las personas que quedan atrás. Las que están sufriendo por la pérdida. Las que están tratando de descifrar cómo seguir viviendo sin alguien que era parte de su existencia diaria.

Otras personas. No yo.

Todos procesan el duelo y manejan la pérdida de manera diferente, y eso está bien—y es esperado. No estoy diciendo que no está bien hacer duelo. No estoy diciendo que el duelo está mal o que la gente debería "superarlo" rápidamente.

Aquí es donde aparece mi autismo: Cuando alguien muere, ya no pueden sufrir. Se fueron. El sufrimiento se queda con las personas que siguen aquí, siguen vivas, siguen teniendo que navegar la vida sin ellos.

Celebrando vidas, no solo lamentando muertes

Cuando Bob Barker (el conductor de *The Price is Right*) murió, vi un *tweet* que decía, "Perdimos a Bob a los 99 años. ¡Qué cosa tan triste!"

Y pensé: ¿triste? ¡Vivió 99 años!

No estoy diciendo que la gente no pueda ponerse triste. El duelo es real. La pérdida duele.

Pero, ¿99 años? Eso es casi un siglo completo de vida. Eso son décadas de influencia, logros, relaciones, experiencias. Eso es establecer estándares que duraron generaciones para la televisión de concursos.

Esa es una vida plenamente vivida.

Deberíamos celebrar este logro. Celebrar su vida y logros. No solo lamentar que se haya ido.

Por otro lado, las muertes trágicas—personas jóvenes, pérdidas inesperadas, vidas cortadas—esas siempre son tristes. Nadie merece morir joven.

Pero incluso entonces, siempre tenemos la oportunidad de celebrar sus vidas. El impacto que crearon cuando estaban aquí. Las lecciones que dejaron. La influencia que tuvieron en las personas a su alrededor, en la sociedad, en sus seres queridos.

Todos vamos a morir. Y usando la frase de Paul Heyman: "eso no es una predicción, es un *spoiler*".

La mayoría de las veces, tus padres van a morir antes que tú. Y ningún padre querría experimentar lo contrario si se le preguntara. Créeme, yo he experimentado lo contrario.

Puede que estés o no estés preparado para cuando eso pase. Pero siempre puedes estar listo para celebrar sus vidas.

Recuerda todo lo que te enseñaron. Cada momento que compartieron contigo. Todos los recuerdos que creaste con ellos. Siempre serán tus padres, y siempre serán irremplazables.

Hónralos siendo la persona por la que trabajaron duro la mayor parte de sus vidas para que te convirtieras en la persona que eres ahora mismo.

"Tan sencillo" como eso.

Manteniendo su espíritu vivo

Si eres religioso, puedes hablar con ellos en oración.

Si no lo eres, puedes replicar su comportamiento en tu vida diaria para mantener su espíritu vivo.

Puedes adoptar los hábitos que te enseñaron. Usar la sabiduría que compartieron. Tomar decisiones de la manera que te mostraron. Manejar retos con el enfoque que mostraron cuando los veías navegar situaciones similares.

Así es como los honras. No a través de monumentos o remembranzas perfectas. Viviendo de una manera que refleje lo que te enseñaron. Llevando adelante la influencia que tuvieron en quien te convertiste.

Se fueron. Pero lo que te enseñaron—eso sigue aquí. Y tú decides si usarlo o ignorarlo.

Tenemos miedo de fallecer mañana, pero no tenemos miedo de no hacer nada hoy. Sabemos que las personas no van a estar aquí para siempre, pero actuamos como si siempre hubiera más tiempo.

NO ESPERES hasta que mueran para decirles que los AMAS.

Diles ahora. Mientras siguen vivos. Mientras aún pueden escucharte decirlo.

No guardes el aprecio para los funerales. No contengas el amor hasta que sea muy tarde. No esperes el "momento correcto" para expresar lo que alguien significa para ti.

El momento siempre es correcto. Dilo ahora.

Demasiadas personas guardan sus palabras más honestas para los elogios. Pasaron el funeral hablando de lo que esa persona significó para ellos, deseando haberlo dicho mientras la persona seguía viva para escucharlo.

No seas esa persona.

¿Tus padres siguen vivos? Diles que aprecias lo que te enseñaron. ¿Tu amigo sigue aquí? Hazle saber que su presencia en tu vida importó. ¿Tu pareja está a tu lado? Asegúrate de que entienda lo que significa para ti.

¿Te es difícil compartir tus sentimientos? Lo siento pero no puedes usar esa carta frente a mí. Yo soy el autista.

Dilo ahora. No después. No eventualmente. No cuando te sientas listo.

Ahora.

La muerte es inevitable. Hoy es el 100% de todos. Y una vez que alguien se ha ido, ya no puedes decirles. Solo puedes desear haberlo hecho.

APÉNDICE C:
LIMPIANDO MI CAJUELA

No estoy escribiendo esto para decirte cómo pensar. Estoy escribiendo esto para mostrarte que yo también he tenido que desaprender programación.

¿El virus de sesgo del que hablé en el libro? Lo atrapé. Múltiples cepas. Y todavía estoy trabajando en limpiar algo de él.

Cuando el dolor se volvió juicio

Batallé con mi conteo y la motilidad de mis espermas.

Esa lucha creó algo en mí que no reconocí al principio: un fuerte sesgo anti-aborto.

Me volví egoístamente prejuicioso. ¿Cómo podía alguien elegir no tener un hijo cuando nosotros estábamos desesperadamente intentando y no podíamos? ¿Cómo podía alguien terminar un embarazo cuando nosotros habríamos hecho lo que sea por estar embarazados?

Mi dolor creó mi juicio. Estaba midiendo la situación de todos los demás contra la mía.

Eso me llevo a terapia Gestalt. Y algo cambió.

Empecé a ver que mi realidad no era universal. Un embarazo deseado y un embarazo no deseado son realidades completamente distintas. Una pareja intentando por años concebir está en una situación diferente a una adolescente que quedó embarazada por violación. Un hijo planeado en una relación estable difiere de una situación abusiva donde una mujer no tiene control sobre su propio cuerpo.

Todavía soy personalmente pro-vida. Eso no ha cambiado. Pero he aprendido a respetar las decisiones de otras personas sobre sus propios cuerpos.

O sea, mi autonomía corporal masculina nunca ha sido cuestionada. Ningún político jamás sugirió regular la masturbación en hombres. Nadie jamás me dijo qué podía o no podía hacer con mis espermas. (También tienen vida.)

La legislación solo parece aplicarse a los cuerpos de las mujeres.

Ese doble estándar me hizo examinar mi posición. No abandonarla. Solo examinarla.

Ahí es donde aterricé. No estando de acuerdo con cada decisión de aborto. No diciendo que mi postura pro-vida estaba mal. Solo respetando que las realidades de otras personas difieren de la mía, y ellas pueden tomar sus propias decisiones.

Rechazando el guión regio

Sé que esto me va a explotar terriblemente si alguna vez me lanzo para Alcalde, pero hay una cepa profunda de machismo en mi ciudad natal. No estoy diciendo que sea único de ese lugar—es solo del que puedo hablar de primera mano porque lo viví.

En las fiestas, el guión siempre era el mismo: mujeres en la cocina, hombres en la parrilla o viendo "el partido". Espacios segregados por género. Grupos de WhatsApp divididos por género donde los hombres compartían porno. Actitudes homofóbicas tratadas como "normales."

Todos participaban. Todos lo reforzaban. Todos actuaban como si así funcionaran las cosas.

Me rehusé a participar. Adrede.

Me sentaba con mi esposa en lugar de "con los chavos." Me salía de los grupos de WhatsApp de hombres cuando me agregaban. No seguía el juego con los chistes homofóbicos.

Y perdí amistades por ello.

La gente no entendía por qué no estaba siguiendo el guión. Por qué no estaba participando en la cultura que todos los demás aceptaban como normal. Por qué estaba eligiendo sentarme con las mujeres en lugar de donde "se suponía" que debía estar.

Para mí, era simple. Quería sentarme con mi esposa. Me rehusaba a segregar por género. No participé en la cultura con la que no estaba de acuerdo.

Pero esa decisión "simple" vino con consecuencias sociales. Algunas amistades se desvanecieron. Me convertí en el outsider porque no iba a reforzar los guiones de género que todos los demás estaban siguiendo.

No me arrepiento (¿qué era el arrepentimiento?). Pero no voy a pretender que fue fácil o que no me costó nada.

Rehusarme a participar fue solo el nivel superficial. Había un desaprendizaje más profundo que tuve que trabajar.

(Lo siguiente está dirigido a los hombres leyendo esto.)

Noté algo en cómo la gente justificaba apoyar causas feministas. La frase que seguía apareciendo era: "Apoyo esto porque tengo una hermana/madre/esposa/hija."

Güey, esa justificación sigue siendo egocéntrica. Solo estás apoyando la causa porque afecta a alguien conectado a ti. Estás defendiendo los derechos de las mujeres porque el daño a las mujeres rebota y te afecta a ti como hombre. ¿Estás implicando que si no tuvieras esa pariente femenina, no te importaría?

Eso no es apoyo. Eso es proteger tu propio territorio.

Un apoyo genuino significa reconocer a las personas como personas, no como extensiones de tu propia vida. No como NPCs que solo importan porque están en tu historia. Significa apoyar causas porque otros seres humanos están siendo dañados—no solo porque esos humanos resultan estar relacionados contigo.

Tuve que desaprender ese encuadre egoísta. Dejar de justificar el apoyo a través de conexiones personales. Empezar a reconocer que las luchas de las personas importan independientemente de si me afectan a mí o a alguien que conozco.

En lo que todavía estoy trabajando

No me estoy presentando como alguien que ha limpiado toda la programación de sesgos. No lo he hecho.

Todavía me cacho haciendo suposiciones. Todavía noto programación surgiendo que pensé que había desaprendido. Todavía tengo momentos donde me doy cuenta de que estoy midiendo la situación de alguien más contra mi punto de referencia en lugar de ver su realidad.

Esta no es una historia sobre cómo lo descifré todo. Esta es una historia sobre reconocer que absorbí programación que no elegí, y estoy activamente trabajando en examinarla.

Algo de ella la he limpiado. Algo la sigo procesando. Algo probablemente ni siquiera he identificado todavía.

¿La diferencia entre ahora y antes? Estoy consciente de que existe. Estoy examinando mis reacciones automáticas. Estoy cuestionando la programación en lugar de solo seguirla.

Eso no es maestría. Eso es solo práctica.

Y estoy compartiendo esto no porque tenga todas las respuestas, sino porque tal vez ver a alguien más examinar su propia programación hace más fácil para ti examinar la tuya.

Todos atrapamos el virus de sesgo. Múltiples cepas. De múltiples fuentes. Absorbidas a través de años de exposición.

No tienes que seguir corriendo esa programación solo porque fue instalada en ti. Puedes examinarla. Cuestionarla. Decidir si quieres quedártela o limpiarla.

Eso no es fácil. Cuesta algo. Significa reconocer que ideas que tenías como verdad podrían haber sido programación. Significa perder relaciones con personas que esperan que refuerces los mismos sesgos que ellos están siguiendo.

Incluso con familiares. Como bien dice mi esposa: "El árbol genealógico también se puede podar."

Pero la alternativa es vivir toda tu vida corriendo software que alguien más instaló en ti sin tu permiso.

¿Yo? Prefiero examinar el código.

NOTAS

3. LAS RUTAS QUE TE ENSEÑARON

1. Neil deGrasse Tyson, *Starry Messenger: Cosmic Perspectives on Civilization* (Henry Holt and Company, 2022), 149.
2. Neil deGrasse Tyson, *Starry Messenger*, 150.

19. COMPITIENDO CONTRA TU PROPIO ODÓMETRO

1. John C. Maxwell, *Leadershift: The 11 Essential Changes Every Leader Must Embrace* (HarperCollins Leadership, 2019), 46.
2. Mo Gawdat, *Solve for Happy: Engineer Your Path to Joy* (Gallery Books, 2017), 18.

ACERCA DEL AUTOR

Eric Salinas no es psicólogo, terapeuta, ni gurú de autoayuda. Es un ingeniero convertido en profesional de tecnología que pasó años compitiendo en una carrera que no existía—hasta que se dio cuenta de que el sistema de calificación que le causaba estrés era algo que podía desaprender. Este libro es su conversación con cualquiera que todavía se sienta medido por estándares invisibles. Vive en México con su esposa Silvana, su hijo David, y sus dos Shih Tzus, Wookie y Padme.

#nohayexamen #thereisnoexam

🅖 goodreads.com/ericsalinas

🅐 amazon.com/author/ericsalinas

BB bookbub.com/authors/eric-salinas

in linkedin.com/in/esalinas

🅞 instagram.com/ericsalinas21

🅐 threads.com/@ericsalinas21

🅕 facebook.com/ericsalinas21

𝕏 x.com/ericsalinas

♪ tiktok.com/ericsalinaspie

▶ youtube.com/@ericsalinas_dev

NOTA DEL AUTOR

Este libro no fue escrito pensando en términos de ingresos o ganancias. Esto fue genuinamente escrito para difundir este mensaje.

Esta es la mentalidad de "No Hay Examen" tratando de trascender —incluso después de que me vaya—dejando la influencia para cambiar el mundo. Porque seamos honestos, cuando crees que tienes un pensamiento increíble o incluso una mente increíble, no importa si te lo guardas para ti mismo. Si no se comparte, eso significa que no agrega valor. Por lo tanto, no tiene sentido guardarnos la sabiduría para nosotros mismos.

Así que por favor, si compraste este libro físicamente, compártelo con otra persona. No va a hacer ninguna diferencia guardado ahí en tu librero como decoración. Ayudemos a difundir la influencia, y para hacerlo más rastreable, antes de compartirlo, toma una pluma o lápiz y agrega tu nombre completo abajo, para que cuando otra mano tenga este libro, puedan rastrear la "influencia" hacia atrás notando sus propietarios anteriores. Y eso sería la representación de la "rama del árbol" para este libro específico, contigo siendo el punto final actual. Tú eres el actual: "¡Usted Está Aquí!"

—*Eric Salinas*

Propietarios anteriores:

AGRADECIMIENTOS

Este libro existe gracias a Silvana.
La autora bestseller que me inspiró a escribir, me acompañó en el camino, y editó este libro. Creyó que tenía algo que valía la pena compartir con el mundo y me apoyó para escribirlo siendo mi verdadero yo.

A Norma Sánchez, mi terapeuta por más de una década: este libro es esencialmente diez años de nuestras sesiones, destiladas. Hay Gestalt en cada capítulo, se reconozca por los lectores o no. Gracias por exigirme que lo terminara—sí, *exigirme*—cuando necesitaba ese empujón.

A Jorge Matus, el conejillo de indias. Durante casi dos años, confiaste en mí como tu mentor, y esa responsabilidad me obligó a articular cosas que solo había sentido. La mayoría de estos cambios fueron creados en nuestras conversaciones, para ti, porque necesitabas escucharlos. Resulta que yo también.

A Daniel Niquet, una conversación en aquella terraza sobre cómo no creamos los recuerdos de otros se convirtió en una piedra angular de este libro. Algunas revelaciones llegan en salas de juntas; otras llegan cuando alguien tiene el valor de ser vulnerable con un compañero de trabajo.

A Clay Griffith, quien me dijo "no eres uno en muchos, eres uno en uno" cuando más lo necesitaba. Esa frase pertenece a este libro. Probablemente *es* este libro.

A Willie González, quien hace veinte años tuvo la curiosidad de preguntarme cómo me sentía haciendo caricaturas después de graduarme de la universidad más cara de la ciudad. Esa pregunta, hecha de la forma en que solo un amigo puede hacerla —con intriga, no con juicio—encendió algo: Mi "¿Hasta dónde puedo llegar?" empezó ahí.

A Victoria Cornejo, quien me dio el escenario. Agendaste la primera charla de *"There Is No Exam""*en Wizeline, creíste en el mensaje antes de que fuera un manuscrito, y me animaste a continuar. La defensa de la salud mental necesita más personas como tú.

A Gema del Río, mi querida *comadrita*, gracias por poner los reflectores en mí no como un invitado, sino como alguien cuya perspectiva importaba. Me diste la oportunidad de inspirar a tu audiencia—mi comunidad—a abrazar el autismo como algo que se lleva con orgullo.

A Santiago Sillis, por siempre apoyarme y hacerme creer que este mensaje importa. A veces eso es exactamente lo que una persona necesita escuchar.

A mis padres, Humberto y Margarita, y a mi hermana Myriam, gracias por estar ahí durante todo este viaje, apoyándome de maneras tanto visibles como silenciosas.

A mi hijo David, quien me enseña todos los días que divertirse y disfrutar la vida no significa hacerlo de la forma en que la sociedad dice que los niños deben divertirse. Nunca has necesitado permiso para ser tú mismo, y siempre estaré ahí para ver y apoyar hasta dónde puedes llegar.

Y a ti, leer este último párrafo es prueba de que exprimiste hasta la última gota de gasolina de tu tanque para llegar hasta aquí, y eso significa el mundo para mí. Ahora soy parte de tu camino. Gracias por dejarme acompañarte.